中华人民共和国
开国大典

中国革命博物馆　编

文物出版社

《中华人民共和国开国大典》编辑委员会

主任委员	金冲及　张文彬
副主任委员	董保华　祝文煜　许爱仙
委　　员	张囤生　常建国　李克能　张广然 丁敏京　季如迅
主　　编	祝文煜　常建国
副 主 编	丁敏京　季如迅
编　　撰	常建国　丁敏京　季如迅　安　莉 朱砚秋　刘艳波
编　　务	黄燕茹　王金娟　徐　涛　张　明 张巧义　李翠屏　李雅兰　吴碧樵 刘巧云　左　平　张晋平　李连新 纪远新
文物摄影	赵立业　孟广泰　施宗平　刘锡明
图片制作	刘作章　刘津京　孙晓旭　许　薇

封面设计	张希广
版式设计	冉子木
责任校对	周兰英
责任印制	王少华
责任编辑	张广然

中华人民共和国国旗图案

中华人民共和国国徽图案

中华人民共和国国歌

田　汉词
聂　耳曲

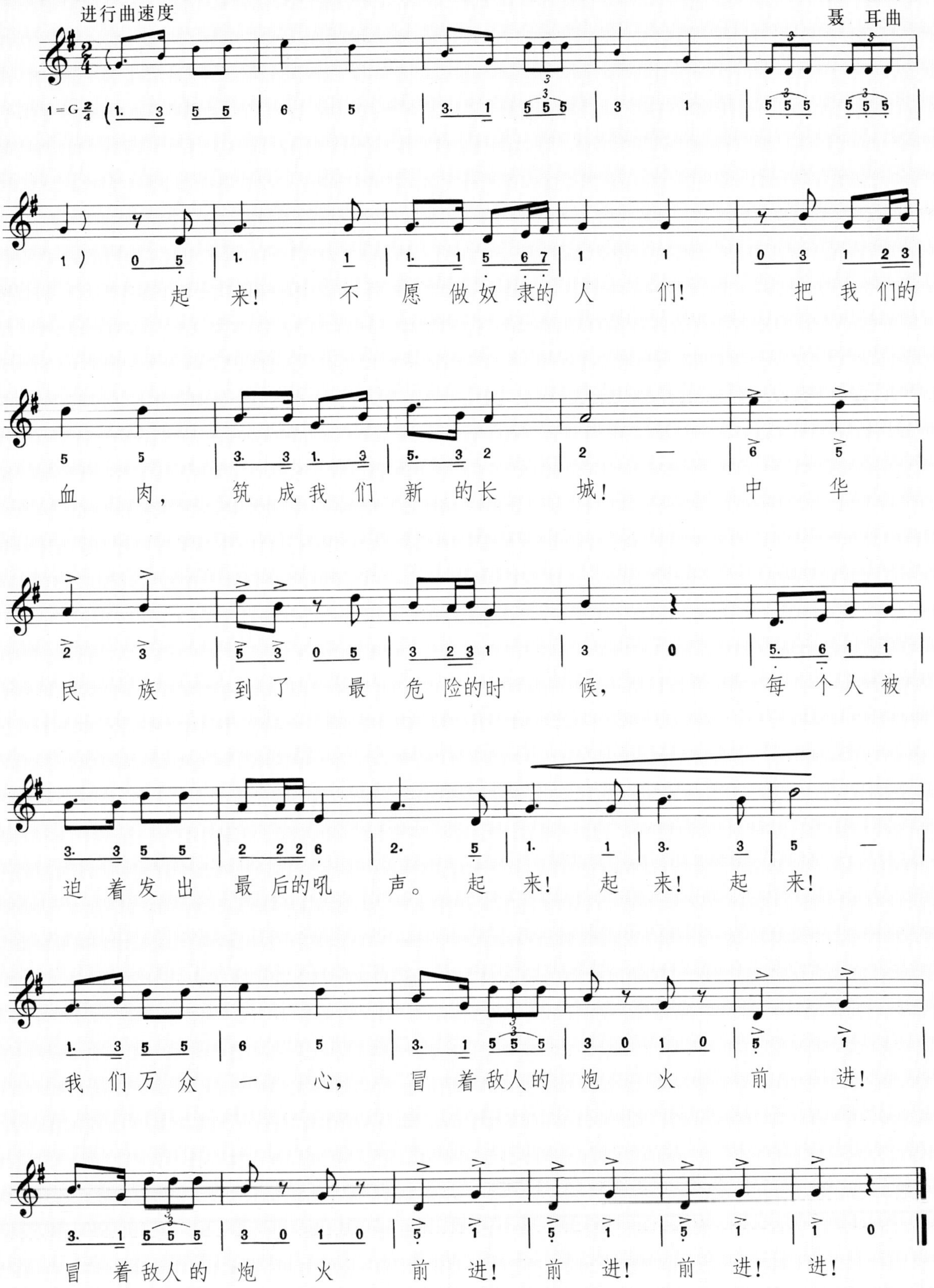

《开国大典》油画
1951 年董希文作

序

张文彬

中华人民共和国的诞生，是20世纪世界上发生的最有影响的伟大事件之一。

1949年10月1日，天朗气清，风和日丽。北京三十万群众齐集在修葺一新的天安门广场上，隆重举行中华人民共和国开国大典。这是中国人民永远值得庆祝的辉煌节日。

下午3时，大典开始。当毛泽东、朱德、刘少奇、宋庆龄、李济深、张澜、周恩来等中国共产党和新中国领导人登上天安门城楼时，广场上顿时爆发出一阵阵雷鸣般的掌声和欢呼声。中央人民政府秘书长林伯渠宣布典礼开始，军乐队高奏新中国代国歌《义勇军进行曲》，广场上的工、农、兵、学、商各界群众齐声高唱："起来！不愿做奴隶的人们！把我们的血肉，筑成我们新的长城……"歌声如狂涛巨澜，响彻云霄，唱出了民族的觉醒，唱出了时代的最强音！

中华人民共和国中央人民政府主席毛泽东亲自按动电钮，升起第一面鲜艳的五星红旗，庄严宣布："中华人民共和国中央人民政府已于本日成立了！"接着，宣读了中央人民政府公告。随后举行了历时三个小时的盛大阅兵式。中国人民解放军总司令朱德检阅海、陆、空三军，发布人民解放军总部命令，命令人民解放军全体指战员"迅速肃清国民党反动军队的残余，解放一切尚未解放的国土"。受检阅部队以海军为前导，步兵师、炮兵师、战车师、骑兵师以整齐的方阵通过天安门广场，空军的飞机在广场的上空飞过。在其后进行的群众游行中，"中华人民共和国万岁”、“毛主席万岁”和“同志们万岁”的口号声在广场上此起彼伏，上下呼应。欢乐的庆典直至深夜。在已经解放的各大城市，也举行了热烈的庆祝活动。“花迎喜气皆知笑”，人们奔走相告，热血沸腾，欢庆着中华民族的新生！中华人民共和国开国大典，宣告了近代以来饱受欺凌、历尽艰辛的中华民族，洗刷了百年屈辱和痛苦，赢得了独立和解放。“我们的民族将再也不是一个被人侮辱的民族了，我们已经站起来了。”占人类总数四分之一的中国人民从此站起来了！新中国就如巨人一般，巍然屹立在世界的东方。中国进入了人民民主的新时代，中国历史也从此进入了一个新纪元。

新中国是以工人阶级（经过共产党）领导的以工农联盟为基础的人民民主专政的国家。新中国的创立，是自 1840 年鸦片战争以来，一代又一代革命先烈历尽艰辛、前仆后继、英勇奋斗、流血牺牲所取得的胜利果实，我们世世代代将永远铭记先烈们和老一辈革命者的业绩。正因为如此，1949 年 9 月 30 日，中国人民政治协商会议第一届全体会议通过决议，在天安门广场建立人民英雄纪念碑。当天下午，毛泽东主席和出席全国政协会议的全体代表参加了奠基典礼。毛泽东宣读了由他撰写的碑文：

> 三年以来，在人民解放战争和人民革命中牺牲的人民英雄们永垂不朽！
>
> 三十年以来，在人民解放战争和人民革命中牺牲的人民英雄们永垂不朽！
>
> 由此上溯到一千八百四十年，从那时起，为了反对内外敌人，争取民族独立和人民自由幸福，在历次斗争中牺牲的人民英雄们永垂不朽！

人民英雄纪念碑于 1952 年 8 月动土兴建，1958 年 4 月落成，5 月 1 日揭幕。碑身雄伟壮观，庄严肃穆，正面镌刻毛泽东题词“人民英雄永垂不朽”八个镏金大字，背面镌刻毛泽东撰文、周恩来书写的碑文。下层须弥座四周镶嵌着八幅汉白玉浮雕，组成一首中国人民百年浴血奋斗的壮丽史诗，真实生动地记载了从1840年到1949年的百年岁月中，一代又一代英烈为了民族的解放和国家的独立、民主、富强，前仆后继，百折不挠，最终取得伟大胜利的斗争历史。

新中国的诞生，是中国人民争取民族独立和人民解放的伟大胜利，是继俄国十月革命之后国际共产主义运动的又一伟大胜利，对殖民地、半殖民地国家人民争取民族独立解放具有深远影响，对20世纪世界历史进程产生了巨大影响。中国革命经历了漫长曲折的道路，积累了丰富的宝贵经验。正如毛泽东在《论人民民主专政》一文所指出的："一个有纪律的，有马克思列宁主义的理论武装的，采取自我批评方法的，联系人民群众的党。一个由这样的党领导的军队。一个由这样的党领导的各革命阶级各革命派别的统一战线。这三件是我们战胜敌人的主要武器。"这是中国共产党和中国人民取得胜利的基本经验。新中国的诞生，证明了一条颠扑不破的真理：中国必须走自己的路。中国共产党之所以能够把中国革命引向胜利，就是由于坚持把马克思列宁主义的普遍真理与中国革命的具体实践相结合的正确方向，把毛泽东思想确立为指导思想，根据中国的具体国情选择了自己应该走的道路。

半个世纪以来，中国人民在中国共产党领导下，在长期的社会主义革命和社会主义建设中，特别是自1978年以来的二十年中，取得了改革开放和社会主义现代化建设的伟大成就。一条最重要的基本经验仍然是运用了马克思列宁主义立场、观点、方法，正确认识中国国情，走自己的路。在当代，只有在马克思列宁主义同当代中国实践和时代特征相结合的邓小平理论的指引下，沿着建设有中国特色的社会主义道路前进，才能实现民族振兴、国家富强和人民幸福。这也是历史的结论。

我们坚信，在以江泽民同志为核心的党中央领导下，高举邓小平理论的伟大旗帜，为国家长治久安奠定新的基础。"中国人民的不屈不挠的努力必将稳步地达到自己的目的。"可以预言，到公元2049年，即中华人民共和国诞生百年的时候，作为一个中等发达国家，中国将以全新的面貌立足于世界之林！

《开国大典》图册，以丰富多彩的照片，再现了当年中华人民共和国开国盛典的壮丽情景，同时，还收录了有关新中国诞生种种鲜为人知的史实资料。图册的编辑出版，不仅是一种纪念，而且为广大读者提供了一部真实、生动的爱国主义教材。希望本书的出版，为中华人民共和国成立五十周年庆典献上一份礼物，并激励我们的后代为新中国的统一、富强、民主努力奋斗！

感谢中国革命博物馆和文物出版社各位编辑的精心编纂，协同努力，使这一具有重大纪念意义的历史图册得以圆满完成。更要感谢当年为人民政协会议和共和国开国盛典留下真实写照的知名和不知名的摄影家们的巨大贡献！

历史的回顾

1949年10月1日，中华人民共和国开国大典在北京隆重举行。人民企盼已久的独立、统一的新中国诞生了。中国的历史从此掀开了新的一页，中华民族从此以崭新的姿态屹立于世界民族之林。

新中国的成立，是中国人民反抗内外反动势力压迫，为了民族的解放和国家的独立，英勇斗争所取得的胜利成果。而历史则永远铭记着中国人民百年抗争的艰难历程。

中国是一个历史悠久的文明古国，勤劳智慧的中华民族创造了光辉灿烂的东方文化。在很长的时期内，中国走在世界文明发展的前列，为人类的进步作出了巨大的贡献。然而到了近代，由于封建统治集团的昏庸腐败，中国落后了。

19世纪中叶，西方资本主义迅速发展。英、法等国在先后完成资产阶级革命以后，急需建立世界市场，实行对外侵略扩张，用武力抢占殖民地。1840年，英国悍然发动鸦片战争，首先以“坚船利炮”打开了中国的大门，西方资本主义列强紧随其后，纷至沓来。它们以武力胁迫清朝政府割地、赔款，签订了《南京条约》、《马关条约》、《辛丑条约》等一系列不平等条约，从而控制了中国的经济命脉，操纵了中国的政治、军事，中国从原来独立的封建社会一步一步地变成半殖民地半封建社会。山河破碎，国土沦丧。中国人民遭受了无比深重的灾难，陷入了苦难的深渊。

哪里有压迫，哪里就有反抗。为了摆脱西方殖民主义和封建势力的双重压迫，中国人民进行了长期的不屈不挠的英勇斗争，写下了一部慷慨悲壮的近代史。

自19世纪中叶起，几乎所有资本主义、帝国主义国家都参与了对中国的掠夺，强迫中国割地、赔款，订立了许多不平等条约。图为1901年签订的《辛丑条约》。

1900年，英、美、德、法、俄、日、意、奥等国为维护和扩大其殖民特权，联合出兵侵略中国。图为八国联军在北京齐化门（今朝阳门）外屠杀义和团民。

资产阶级维新派代表人物康有为。宣传资产阶级启蒙思想，促进社会思想解放。先后六次上书光绪皇帝，要求变法图强。

资产阶级民主革命家孙中山。开创了完全意义上的近代民族民主革命，推翻了清朝政府，建立了中华民国临时政府。

早在鸦片战争爆发前夕，民族英雄林则徐就领导爱国军民进行了反抗英国侵略者的虎门销烟斗争。1851 年，洪秀全在广西桂平县金田村起义，建号“太平天国”，领导了中国近代史上规模最大的反帝反封建的农民运动。1894 年中日甲午战争期间，丁汝昌、刘步蟾、邓世昌等广大爱国官兵与战舰共存亡，在黄海同侵华日军展开激战，誓死捍卫民族的尊严。1898 年，以康有为为代表的资产阶级维新派，发动了具有深远影响的戊戌维新变法运动，表现了他们反抗外国侵略、维护国家独立的爱国主义精神。1900 年，八国联军进犯中国，轰轰烈烈的义和团运动沉重地打击了侵略者，粉碎了帝国主义阴谋瓜分中国的迷梦。1911 年，中国民主主义革命先行者孙中山先生，开创了完全意义上的近代民族民主革命，发动辛亥革命，一举推翻了帝国主义的附庸清朝政府，结束了延续两千多年的封建帝制，建立了中华民国临时政府。但是，由于历史和阶级的局限，中国民族资产阶级提不出彻底的反帝反封建的民主革命纲领，结

新文化运动的主要倡导者、中国共产党的主要创始人之一陈独秀。1915 年创办并主编《青年杂志》，提倡民主和科学，抨击封建主义，宣传和介绍新文化、新思想。

新文化运动的主要倡导者、中国共产党的主要创始人之一李大钊。1919 年在《新青年》上发表《我的马克思主义观》，第一次较完整地向中国人介绍马克思主义学说。

果并未在中国建立起真正的资产阶级民主共和国。历史证明，农民阶级和资产阶级都不能领导中国的民族民主革命取得胜利，无力改变中国半殖民地半封建社会的地位。天灾人祸、民不聊生的景象依然是旧中国人民生活的真实写照。领导中国革命的重任历史地落在了新兴的无产阶级肩上。

1917 年，俄国无产阶级十月革命取得胜利。始于 1915 年的中国新文化运动，在十月革命的影响下，很快由以资产阶级思想文化反对封建思想文化的运动发展为学习与传播马克思列宁主义的运动。以陈独秀、李大钊为代表的一批先进知识分子，积极介绍十月革命，极大地唤起了人们，特别是青年人对国家、民族命运的关注和对新思想、新文化的追求。1919 年，中国爆发了伟大的反帝反封建的五四爱国运动，中国工人阶级开始登上政治舞台。五四运动促进了马克思列宁主义在中国的传播，为中国共产党的成立在思想上和干部上作了准备。

1919年5月4日，北京爆发了“五四”爱国运动。三千多名学生集合在天安门前游行示威，反对巴黎和会牺牲中国主权和北洋军阀政府的丧权辱国。6月3日，上海工人大规模罢工、学生罢课、商人罢市，声援北京学生斗争。标志着中国工人阶级开始登上政治舞台。

中国共产党第一次全国代表大会会址——上海望志路106号。

1921年7月，中国共产党第一次全国代表大会在上海举行，宣告了中国共产党的诞生。从此，中国革命的面貌焕然一新。

在大革命时期，中国共产党提出的反帝反封建的口号成为广大人民的共同呼声，党在群众中的政治影响迅速扩大，党的组织得到很大发展，千百万工农群众在党的领导下组织起来。1924年1月，中国国民党第一次全国代表大会在广州举行，开始实行联俄、联共、扶助农工的三大政策。国共两党由此实现了第一次合作，建立起革命统一战线，掀起了规模空前的以工农群众为主体的大革命的高潮。1927年4月和7月，蒋介石、汪精卫先后叛变革命，国共合作全面破裂，持续了三年多的中国大革命失败了。在大革命的洪流中，通过胜利和失败的反复，中国共产党经受了深刻的锻炼和严峻的考验。

1927年10月，毛泽东率部到达井冈山，创建农村革命根据地。图为井冈山黄洋界。

遵义会议是中国共产党历史上一个生死攸关的转折点，它在极端危险的时刻，挽救了党和红军。图为遵义会议会址。

1931年11月7日至20日，在江西瑞金召开中华苏维埃第一次全国代表大会，宣告中华苏维埃共和国临时中央政府成立，毛泽东当选为主席。图为毛泽东（站立者）在1931年12月1日召开的中华苏维埃共和国临时中央政府第一届执行委员会第一次会议上讲话，其右侧第一人为朱德，左起第三人为任弼时。

1927年8月1日，周恩来、贺龙、叶挺、朱德、刘伯承等领导部分国民革命军在江西南昌举行武装起义，打响武装反抗国民党反动派的第一枪，开始了中国共产党独立地领导武装斗争的新时期。1927年10月，毛泽东率领秋收起义部队到达井冈山，创建农村革命根据地，中国革命开始走上以农村包围城市、武装夺取政权的道路。从此到抗日战争爆发的十年间，中国共产党领导人民在常人难以想像的险恶环境中，坚持同国民党反动派作斗争，奇迹般地度过最黑暗的时刻。1935年1月，在率领红军长征途中，中共中央政治局在贵州遵义召开扩大会议，结束了“左”倾冒险主义在中共中央的统治，确立了以毛泽东为代表的中央的正确领导。

1931 年，当日本帝国主义侵略中国东北领土之际，中国共产党就呼吁国民党当局停止内战，团结抗日。1937 年 7 月抗日战争全面爆发后，中国共产党正确处理民族斗争和阶级斗争的关系，坚持团结抗战和持久战的方针。在中国共产党的积极推动下，国共两党再次实现合作，建立了抗日民族统一战线。根据国共两党达成的协议，中国工农红军改编为国民革命军第八路军，奔赴抗日前线。在抗日战争时期，中国共产党及其领导的抗日武装，开辟敌后战场，建立抗日民主根据地，是全民族团结抗战的中流砥柱，是取得抗战胜利的决定性力量。在世界反法西斯战争取得胜利的前夜，中国共产党在延安召开了第七次全国代表大会，系统总结了中国共产党领导中国革命的经验，把毛泽东思想确立为党的指导思想，深刻论述了新民主主义的基本理论，制定了领导中国人民夺取抗战和中国革命胜利的总路线。经过八年多的浴血奋战，中国人民终于取得了抗日战争的胜利，洗雪了 19 世纪 40 年代以来的民族耻辱，这也是一百多年来中国人民反抗资本帝国主义侵略第一次取得的完全胜利，为中国的独立和解放奠定了基础。

中国民主革命的圣地——延安。1935 年 10 月，中央红军胜利结束长征，到达陕北。1937 年 1 月，中共中央领导机关由陕北的保安迁驻延安。

在中国共产党第七次全国代表大会上，毛泽东、朱德、刘少奇、周恩来、任弼时当选为书记处书记。图为大会主席台。左起：朱德、任弼时、毛泽东、刘少奇、周恩来。

抗日战争胜利后，全国人民渴望和平民主，渴望幸福自由，要求建立一个独立与富强的新中国。但是，以蒋介石为首的代表地主买办阶级和官僚资产阶级利益的国民党统治集团，在美国政府的支持下企图垄断抗日战争的胜利果实，消灭中国共产党和其他民主势力，坚持独裁和内战的方针。中国共产党对争取和平有着真诚的愿望，对当时的局势有着清醒的认识。为了尽一切可能制止内战，中国共产党于 1945 年 8 月派毛泽东、周恩来、王若飞赴重庆，与蒋介石进行和平谈判。10 月 10 日，双方正式签署《政府与中共代表会谈纪要》，即“双十协定”。1946 年 1 月，国共两党又达成关于停止国内军事冲突的协定，召开了有其他党派和无党派人士参加的政治协商会议。然而，国民党却一直在加紧部署兵力，不断向解放区发动进攻。

1946 年 6 月，国民党当局在完成战争准备之后，撕毁停战协定和政协协议，悍然挑起全面内战。中国共产党领导人民解放军，依靠广大人民群众，团结一切可以团结的力量，建立最

1945 年在重庆谈判期间，毛泽东与蒋介石、赫尔利等合影。后排左起：蒋经国、张群、吴国桢。

国民党统治集团日益腐败，广大人民挣扎在饥饿的死亡线上。在人民解放军取得重大胜利的同时，国民党统治区的人民掀起了声势浩大的爱国民主运动，形成了配合人民解放战争的第二条战线。图为 1947 年 5 月 20 日在南京爆发的“反饥饿”、“反内战”的学生游行示威。

1947 年 3 月，国民党军队向陕甘宁解放区发动重点进攻。中共中央和人民解放军总部主动撤离延安，转战陕北，继续指挥全国的解放战争。图为毛泽东在转战陕北途中。

1946 年 6 月，国民党当局悍然挑起全面内战。图为人民解放军宣誓，坚决打退国民党军队的进攻。

广泛的人民民主统一战线，同国民党反动派展开了殊死的斗争。经过三年多的艰苦奋战，推翻了国民党的反动统治。

中国共产党领导人民大众，经过二十八年不屈不挠、前仆后继的英勇斗争，终于推翻了压在中国人民头上的“三座大山”——帝国主义、封建主义、官僚资本主义，结束了一百多年来殖民主义、帝国主义同封建统治者勾结起来奴役中国人民的历史和内外战乱频仍、国家四分五裂的历史，取得了新民主主义革命的伟大胜利，建立了中华人民共和国。历史证明了“没有共产党，就没有新中国”这一颠扑不破的真理。

发起召开新政协 迎接全国胜利

中国人民解放军由战略防御转入战略进攻后，节节胜利。国统区人民民主运动日益高涨，国民党统治危机日益加深。在这种形势下，中共中央于1948年4月30日，发布纪念“五一”国际劳动节口号，号召“各民主党派、各人民团体、各社会贤达迅速召开政治协商会议，讨论并实现召集人民代表大会，成立民主联合政府”。这一口号迅速得到各民主党派、各人民团体、无党派民主人士和海外华侨的热烈响应。从8月起，各民主党派和各阶层代表人士陆续从北平、上海、天津、香港和海外秘密前往解放区，在中国共产党领导下，共同进行召开新政协，建立新中国的筹备工作。

辽沈、淮海、平津三大战役的胜利，基本消灭了国民党的主要军事力量。国民党政府发表“求和”声明，企图保存残余势力，“划江而治”，以便挽救失败，卷土重来。中国共产党不放弃一切争取和平的机会，1949年4月1日派代表团与国民党政府代表团在北平举行和平谈判。15日，双方达成《国内和平协定》（最后修正案）。20日，国民党政府拒绝在和平协定上签字，谈判破裂。21日，毛泽东主席、朱德总司令发布了向全国进军的命令。中国人民解放军百万雄师强渡长江，彻底摧毁了国民党军队苦心经营了三个半月的长江防线。23日，人民解放军占领南京，宣告延续了二十二年的国民党反动统治的覆灭。人民解放军乘胜追歼残敌，继续向华南、西北、西南进军。杭州、武汉、西安、南昌、上海等城市相继解放。

在中国革命取得全国胜利的前夜，中国共产党在西柏坡召开了七届二中全会。毛泽东在会上作了《在中国共产党第七届中央委员会第二次全体会议上的报告》，绘制了建立新中国的宏伟蓝图。接着，毛泽东又发表了《论人民民主专政》这篇重要文章。毛泽东的报告和文章为新政协制定共同纲领和建立新中国作了理论上和政策上的准备。

1949年3月25日，中共中央和人民解放军总部由西柏坡迁到北平，标志着中国共产党的工作重心已由乡村转移到城市和中国革命即将取得全国胜利。

发布“五一”口号　号召成立民主联合政府

1

1　1948 年 4 月，中共中央机关进驻河北省阜平县城南庄（晋察冀军区所在地）。30 日中共中央在这里发布纪念“五一”劳动节口号。图为城南庄毛泽东等领导人住处。

2　中共中央纪念“五一”劳动节的口号明确提出“各民主党派、各人民团体、各社会贤达迅速召开政治协商会议，讨论并实现召集人民代表大会，成立民主联合政府”的主张。图为 1948 年 5 月 2 日《人民日报》刊登的“五一”口号。

2

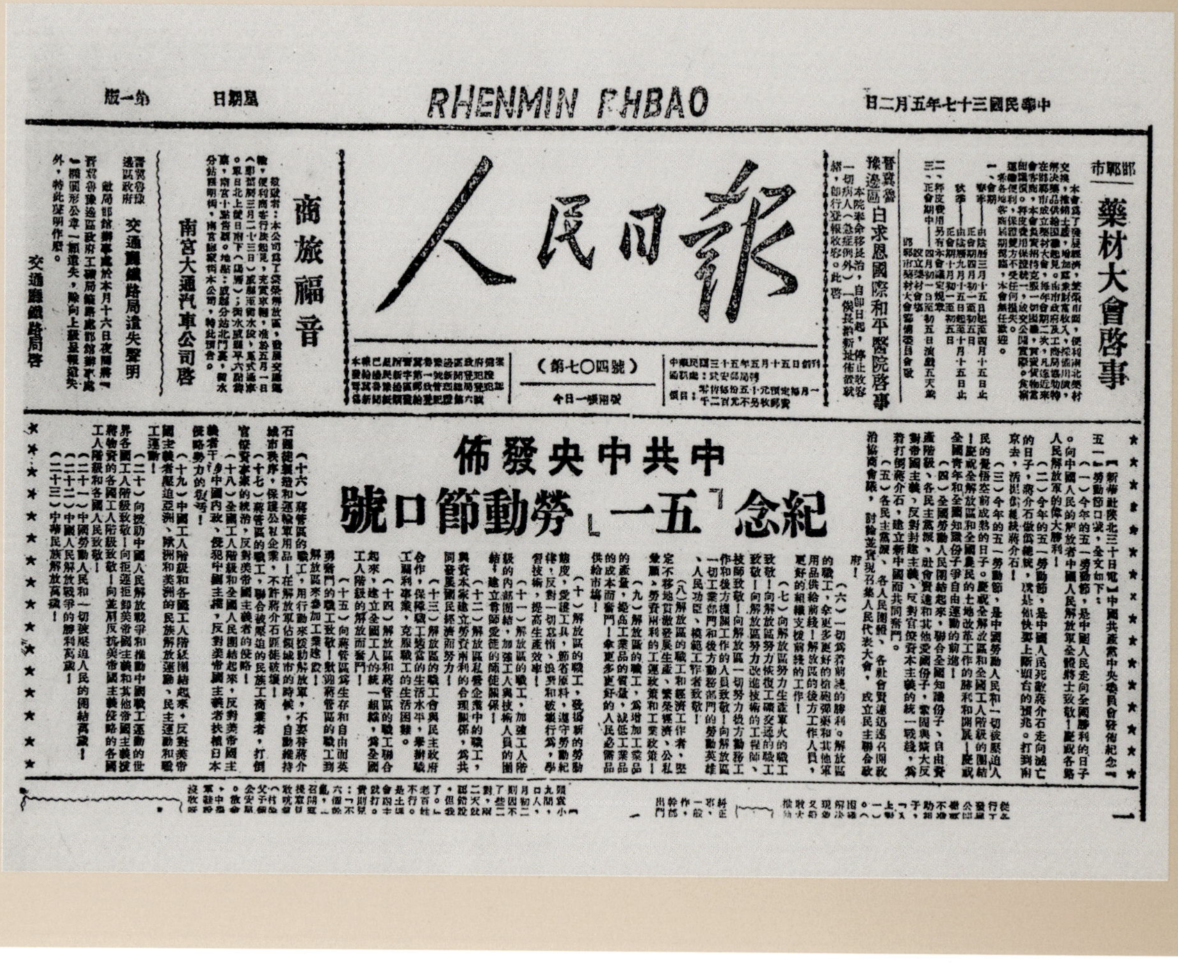

中華民國三十七年五月二日　RHENMIN RHBAO　星期日　第一版

人民日報

（第七〇四號）

邯鄲市藥材大會啓事

晉冀魯豫邊區白求恩國際和平醫院啓事

商旅福音　南宮大通汽車公司啓

交通部鐵路局遺失聲明　交通部鐵路局啓

中共中央發佈紀念「五一」勞動節口號

【新華社陝北三十日電】中國共產黨中央委員會發佈紀念「五一」勞動節口號，全文如下：

（一）今年的五一勞動節，是中國人民走向全國勝利的日子。向中國人民的解放者中國人民解放軍全體將士致敬！慶祝各路人民解放軍的偉大勝利！

（二）今年的五一勞動節，是中國人民死敵蔣介石走向滅亡的日子，蔣介石做偽總統，就是他快要上斷頭台的預兆。打到南京去，活捉偽總統蔣介石！

（三）今年的五一勞動節，是中國勞動人民和一切被壓迫人民的覺悟空前成熟的日子。慶祝全解放區和全國工人階級的團結！慶祝全解放區和全國農民的土地改革工作的勝利和開展！慶祝全國青年和全國知識份子爭自由運動的前進！

（四）全國勞動人民團結起來，聯合全國知識份子、自由資產階級、各民主黨派、社會賢達和其他愛國份子，鞏固與擴大反對帝國主義、反對封建主義、反對官僚資本主義的統一戰綫，爲着打倒蔣介石，建立新中國而共同奮鬥。

（五）各民主黨派、各人民團體、各社會賢達迅速召開政治協商會議，討論並實現召集人民代表大會，成立民主聯合政府！

（六）一切爲着前綫的勝利。解放區的職工，拿更多更好的槍砲彈藥和其他軍用品供給前綫！解放區的後方工作人員，更好的組織支援前綫的工作！

（七）向解放區努力生產軍火的職工致敬！向解放區努力恢復工礦交通的職工致敬！向解放區努力改進技術的工程師、技師致敬！向解放區一切努力後方勤務工作和後方機關工作的人員致敬！向解放區一切工業部門和後方勤務部門的勞動英雄、人民功臣、模範工作者致敬！

（八）解放區的職工和經濟工作者，堅定不移地貫徹發展生產、繁榮經濟、公私兼顧、勞資兩利的工運政策和工業政策！

（九）解放區的職工，爲增加工業品的產量，提高工業品的質量，減低工業品的成本而奮鬥！拿更多更好的人民必需品供給市場！

（十）解放區的職工，發揚新的勞動態度，愛護工具，節省原料，遵守勞動紀律，反對一切怠惰、浪費和破壞行爲，學習技術，提高生產效率！

（十一）解放區的職工，加強工人階級的內部團結，加強工人與技術人員的團結，建立師傅愛徒的師徒關係！

（十二）解放區私營企業中的職工，與資本家建立勞資兩利的合理關係，爲共同發展國民經濟而努力！

（十三）解放區的職工會與民主政府合作，保障職工應當的生活水平，舉辦職工福利事業，克服職工的生活困難。

（十四）解放區和蔣管區的職工聯合起來，建立全國工人的統一組織，爲全國工人階級的解放而奮鬥！

（十五）向蔣管區爲生存和自由而英勇奮鬥的職工致敬！歡迎蔣管區的職工到解放區來參加工業建設！

（十六）蔣管區的職工，用行動來援助解放軍，不要替蔣介石匪徒製造和運輸軍用品！在解放軍佔領城市的時候，自動維持城市秩序，保護公私企業，不許蔣介石匪徒破壞！

（十七）蔣管區的職工，聯合被壓迫的民族工商業者，打倒官僚資本家的統治，反對美帝國主義者的侵略！

（十八）全國工人階級和全國人民團結起來，反對美帝國主義者干涉中國內政，侵犯中國主權，反對美帝國主義者扶植日本侵略勢力的復活！

（十九）中國工人階級和各國工人階級團結起來，反對美帝國主義者壓迫亞洲、歐洲和美洲的民族解放運動、民主運動和職工運動！

（二十）向援助中國人民解放戰爭和推動中國職工運動的世界各國工人階級致敬！向拒運拒卸美帝國主義和其他帝國主義援蔣物資的各國工人階級致敬！向並肩反抗美帝國主義侵略的各國工人階級和各國人民致敬！

（二十一）中國勞動人民和一切被壓迫人民的團結萬歲！

（二十二）中國人民解放戰爭的勝利萬歲！

（二十三）中華民族解放萬歲！

3

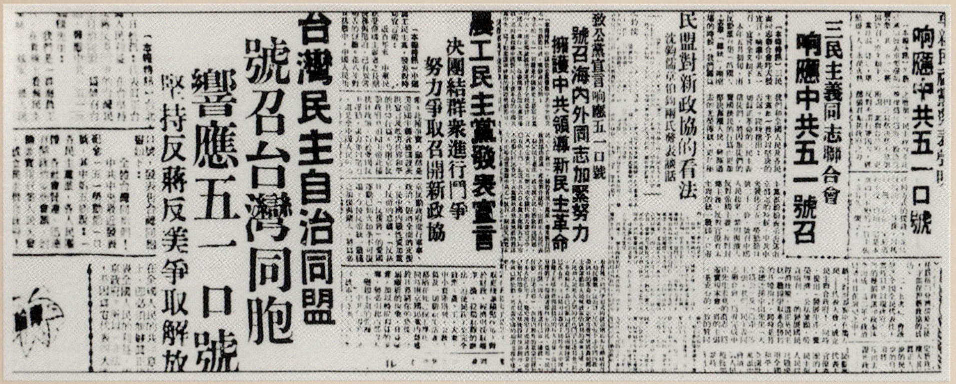

響應中共五一口號

三民主義同志聯合會
響應中共五一號召

民盟對新政協的看法

致公黨宣言響應五一口號
號召海內外同志加緊努力
擁護中共領導新民主革命

農工民主黨發表宣言
決團結群眾進行鬥爭
努力爭取召開新政協

台灣民主自治同盟
號召台灣同胞
響應五一口號
堅持反蔣反美爭取解放

4

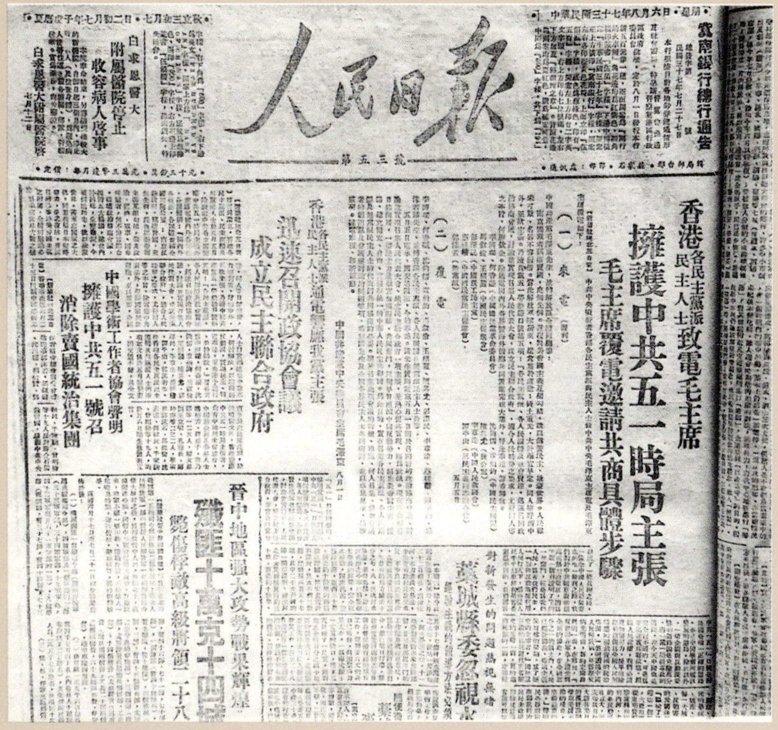

人民日報

香港各民主黨派民主人士致電毛主席
擁護中共五一時局主張
毛主席覆電邀請共商具體步驟

香港民主黨派民主人士通電響應我黨主張
迅速召開政協會議
成立民主聯合政府

中國學術工作者協會聲明
擁護中共五一號召
消除賣國統治集團

5

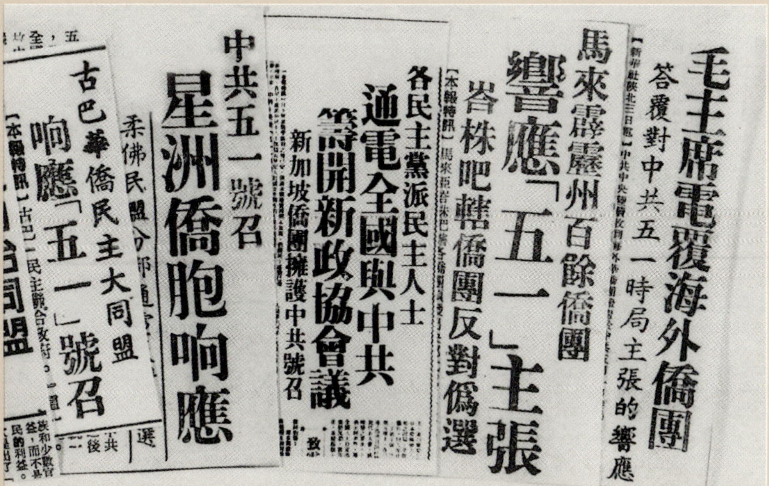

毛主席電覆海外僑團
答覆對中共五一時局主張的響應

馬來霹靂州百餘僑團
響應「五一」主張
峇株吧轄僑團反對偽選

各民主黨派民主人士
通電全國與中共
籌開新政協會議
新加坡僑團擁護中共號召

中共五一號召
星洲僑胞響應

古巴華僑民主大同盟
響應「五一」號召

3 各民主党派分别通电响应中共“五一”口号的报道。

4 1948年5月5日，香港民主党派负责人和无党派民主人士联名致电毛泽东，拥护中共关于召开新政协、成立民主联合政府的号召。毛泽东8月1日复电邀请他们共商具体步骤。8月6日《人民日报》登载了这些电报。

5 海外侨团、社会团体响应“五一”口号及毛泽东电复海外侨团的消息报道。

6

7

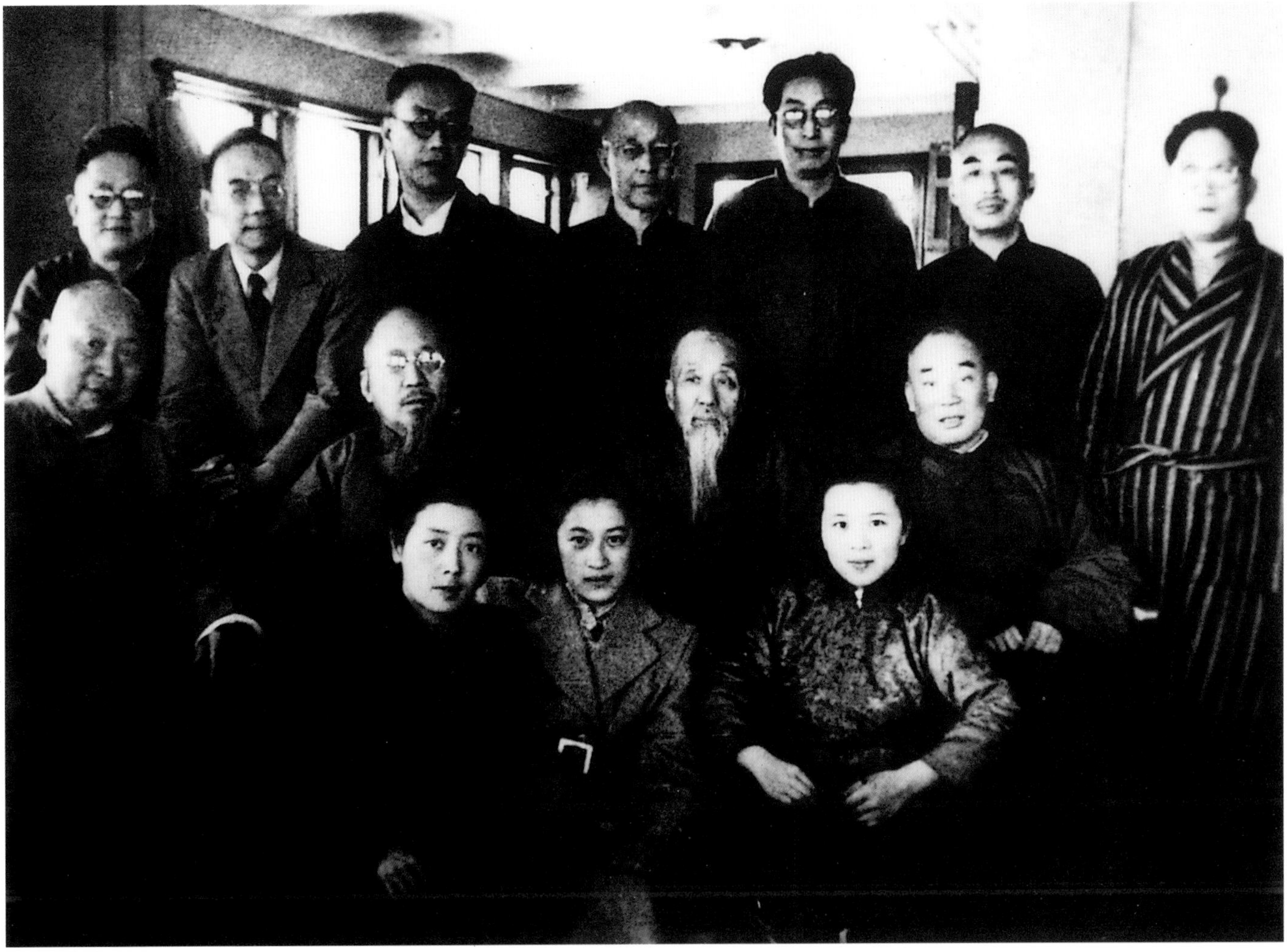

8

6　1948年9月28日，应中共中央邀请，由香港北上的民主党派人士沈钧儒等到达东北解放区。10月下旬，冯玉祥夫人李德全到达东北解放区。图为部分民主人士和中共方面人士在哈尔滨合影。前排左起：李立三、谭平山、沈钧儒、李德全、蔡廷锴；后排左二起：朱学范、章伯钧。

7　1949年2月26日，中国人民解放军平津前线司令部、北平市军事管制委员会、北平市人民政府、中共北平市委在中南海怀仁堂举行盛大欢迎会，热烈欢迎由东北、天津、河北李家庄来北平及留北平的民主人士、各团体代表。图为在欢迎大会上。前排右起：林伯渠、郭沫若、马叙伦、李济深、沈钧儒。

8　1949年2月，陈叔通、柳亚子等民主人士离开香港前往北平参加新政协会议，途中在华中轮上合影。一排左起：方瑞、郑小箴、包启亚；二排左起：包达三、柳亚子、陈叔通、马寅初；三排左起：傅彬然、沈体兰、宋云彬、张䌹伯、郑振铎、叶圣陶、王芸生。

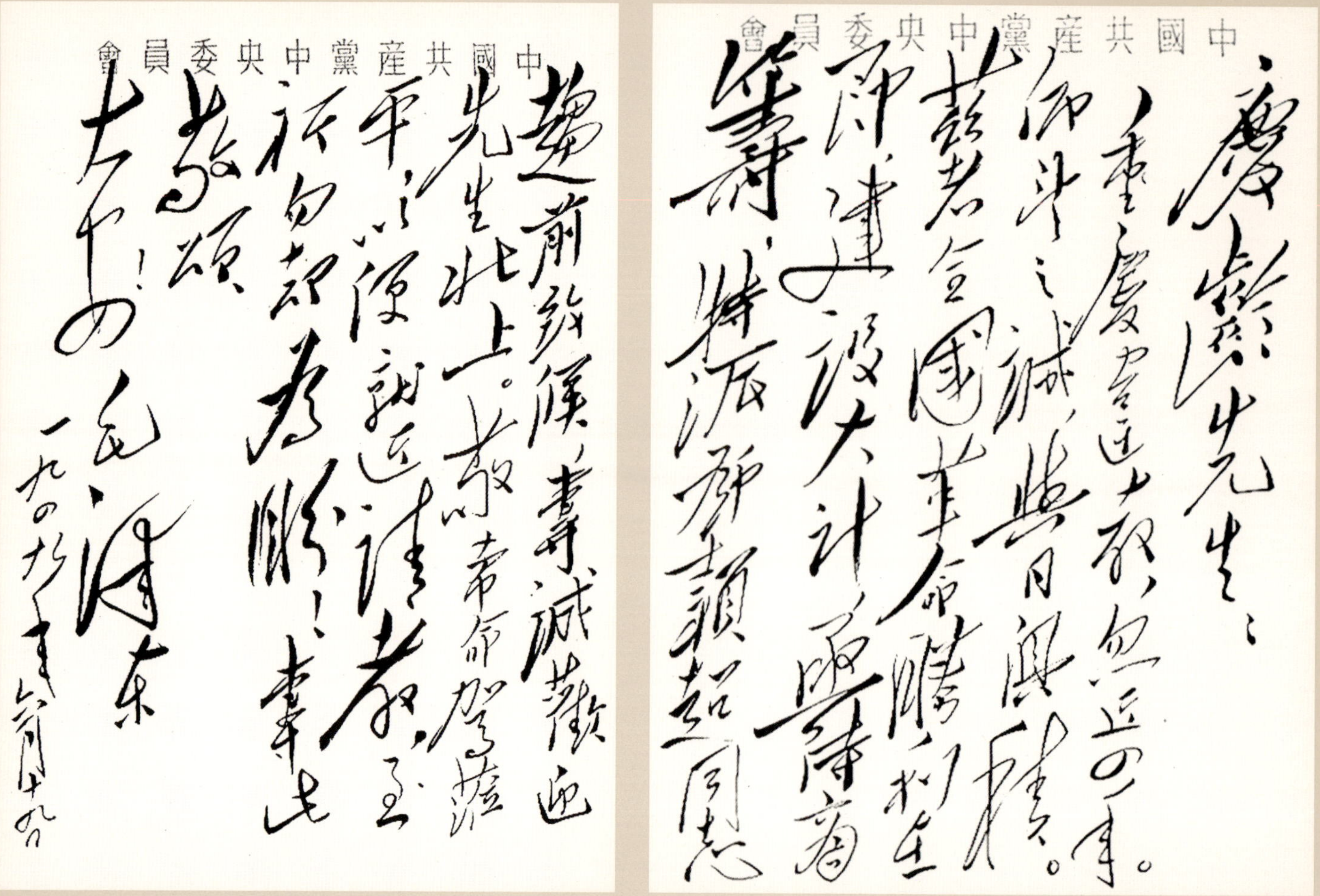

中國共產黨中央委員會

庆龄先生：

重庆违教，忽近四年。仰望之诚，与日俱积。兹者全国革命胜利在即，建设大计，亟待商筹，特派邓颖超同志

中國共產黨中央委員會

趋前致候，专诚欢迎先生北上。敬希命驾莅平，以便就近请教，至祈勿却为盼！专此。敬颂

大安！

毛泽东

一九四九年六月十九日

9

10

9　1949 年 6 月，毛泽东派邓颖超赴上海专程邀请宋庆龄北上参加新政协会议。这是毛泽东的亲笔邀请信。

10　1949 年 8 月 28 日，宋庆龄由邓颖超、廖梦醒等陪同，从上海抵达北平，受到热烈欢迎。

11

11　1949年9月19日，毛泽东等中共领导人和民主人士在天坛祈年殿前合影。左起：粟裕、刘伯承、程星龄、李明扬、李明灏、毛泽东、陈明仁、张元济、陈毅、程潜。

12

13

14

12　1948 年下半年和 1949 年上半年，全国总工会、妇女联合会和新民主主义青年团等群众团体相继恢复和重建，参加筹备新政协工作。图为 1948 年 8 月 1 日至 22 日在哈尔滨举行的第六次全国劳动大会主席台。左二起：汤桂芬、蔡畅、陈郁、刘守一、李立三、陈云、朱学范。

13　1949 年3 月24 日至4 月3 日，中国妇女第一次全国代表大会在北平召开，成立了中华全国民主妇女联合会，选举何香凝为名誉主席，蔡畅为主席，并决定参加新政协会议。图为大会会场。

14　1949 年 4 月 11 日至 18 日，中国新民主主义青年团第一次全国代表大会在北平召开。图为大会会场。

15

15　1948年9月至1949年1月，毛泽东、周恩来、朱德等中央军委领导人在河北省平山县西柏坡村，组织、领导和指挥人民解放军同国民党军进行战略大决战。经过辽沈、淮海、平津三大战役，基本消灭了国民党赖以维持其反动统治的主要军事力量。图为战略决战期间，毛泽东与周恩来在西柏坡。

16

16 1948年9月12日，人民解放军在东北发起辽沈战役。图为林彪（中）、罗荣桓（右）、刘亚楼在前线指挥作战。

17

18

19

17　1948 年 10 月 14 日，东北野战军万炮齐发，总攻锦州。

18　1948 年 11 月 2 日，沈阳解放。辽沈战役历时 52 天，歼敌 47.2 万人。图为人民解放军冲入国民党“东北剿匪总司令部”大楼。

19　沈阳人民欢庆东北解放。

20

20　1948 年 11 月 6 日，人民解放军发起淮海战役。图为中共淮海战役总前委领导成员合影。左起：粟裕、邓小平（书记）、刘伯承、陈毅、谭震林。

21 1948年11月12日，华东野战军向徐州以东碾庄守敌发起攻击，围歼国民党军黄百韬兵团。图为野战军部队突破碾庄外壕，涉水抢占前沿阵地。

22 1948年12月1日，华东野战军进驻徐州。

23 1949年1月10日，杜聿明集团全部被歼，杜聿明被俘，第二兵团司令官邱清泉被击毙。淮海战役歼敌55.5万人。图为被俘的国民党军官。

21

22

23

24　1948年11月29日，人民解放军发起平津战役。图为东北野战军和华北野战军负责人在平津前线指挥部合影。前排左起：聂荣臻、罗荣桓、林彪；后排左起：黄克诚、谭政、萧华、刘亚楼、高岗。

25

26

25　平津战役开始阶段，东北、华北野战军按照中共中央的战略部署，实行战略包围和战役分割。东北野战军迅速包围了平、津、塘一线的国民党军队。图为包围新保安的解放军在抢修工事。

26　1949 年 1 月 15 日，人民解放军全歼天津守敌 13 万人，活捉国民党警备司令陈长捷，天津宣告解放。图为解放军攻占国民党“天津警备司令部”。

27

28

27　在中共北平地下组织和民主进步人士的积极推动下，经过谈判，国民党绥远省政府主席、华北“剿匪”总司令傅作义率部 25 万人于 1 月 22 日起撤离北平市区，接受和平改编。图为出城接受改编的国民党部队。

28　1949 年 1 月 31 日，北平和平解放，人民解放军举行入城式，受到各界人民的热烈欢迎。图为解放军炮兵部队通过前门大街。

七届二中全会　绘制新中国蓝图

29

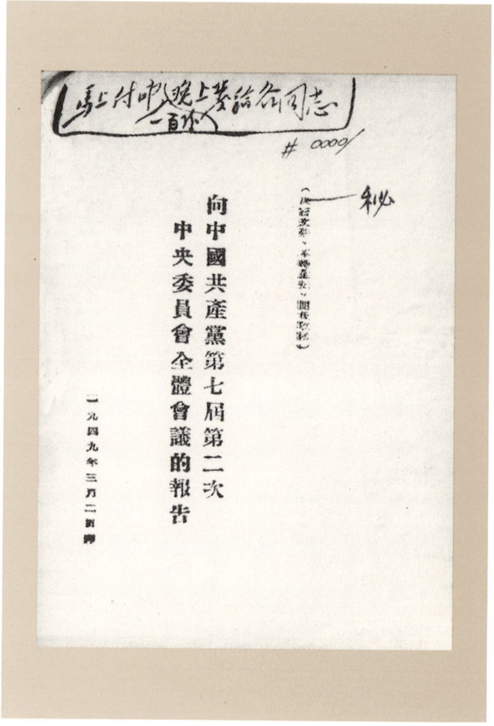
秘

向中國共產黨第七屆第二次中央委員會全體會議的報告

30

31

29　1949 年 3 月 5 日至 13 日，中国共产党在西柏坡举行七届二中全会。会议集中讨论了彻底摧毁国民党统治，夺取全国胜利，在新形势下党的工作重心实行战略转移，即从乡村转移到城市的问题。图为毛泽东在党的七届二中全会上作报告。

30　毛泽东在七届二中全会上的报告文本。

31　刘少奇、任弼时、朱德与林伯渠等在七届二中全会上。

32

33

32　1949年3月25日，中共中央和人民解放军总部由河北省平山县西柏坡村迁到北平，标志着党的工作重心已由乡村转移到城市和中国革命将取得全国胜利。图为毛泽东等抵达北平时，在西苑机场同前来迎接的民主党派负责人及民主人士合影。左起：谭平山、张东荪、陈志书、沈钧儒、朱德、李济深、郭沫若、毛泽东、黄炎培、陈叔通、章伯钧、周建人、许德珩。

33　毛泽东、朱德、刘少奇、周恩来、任弼时等在北平西苑机场检阅部队。

34

人民日報

李濟深沈鈞儒等五十餘民主人士抵達解放區

聲明澈底支持毛主席八項和平條件

希望全國人民共同行動將革命進行到底

35

36

37

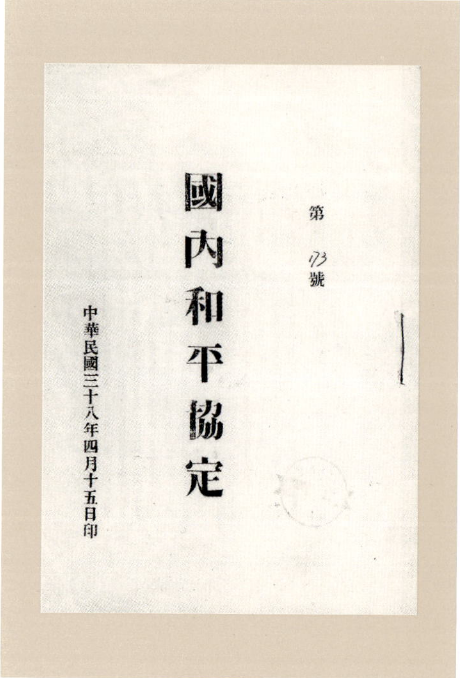
國內和平協定

第 173 號

中華民國三十八年四月十五日印

34　1949 年 1 月 14 日，根据中共中央决议，毛泽东发表关于时局的声明，针对国民党的“求和”，提出八项和谈条件，得到各界人士的支持。这是《人民日报》的报道。

35　1949 年 4 月 1 日起，以毛泽东提出的八项条件为基础，中共代表团与国民党政府代表团进行和平谈判。图为参加和平谈判的国民党政府代表团到达北平。左起：刘斐、章士钊、张治中、邵力子。

36　中共代表团首席代表周恩来在谈判会上发言。

37　1949 年 4 月 15 日，国共双方代表拟定了《国内和平协定》（最后修正案）。但直到 20 日最后期限，国民党政府拒绝在协定上签字，假求和的面目暴露无遗。至此，谈判破裂。

38

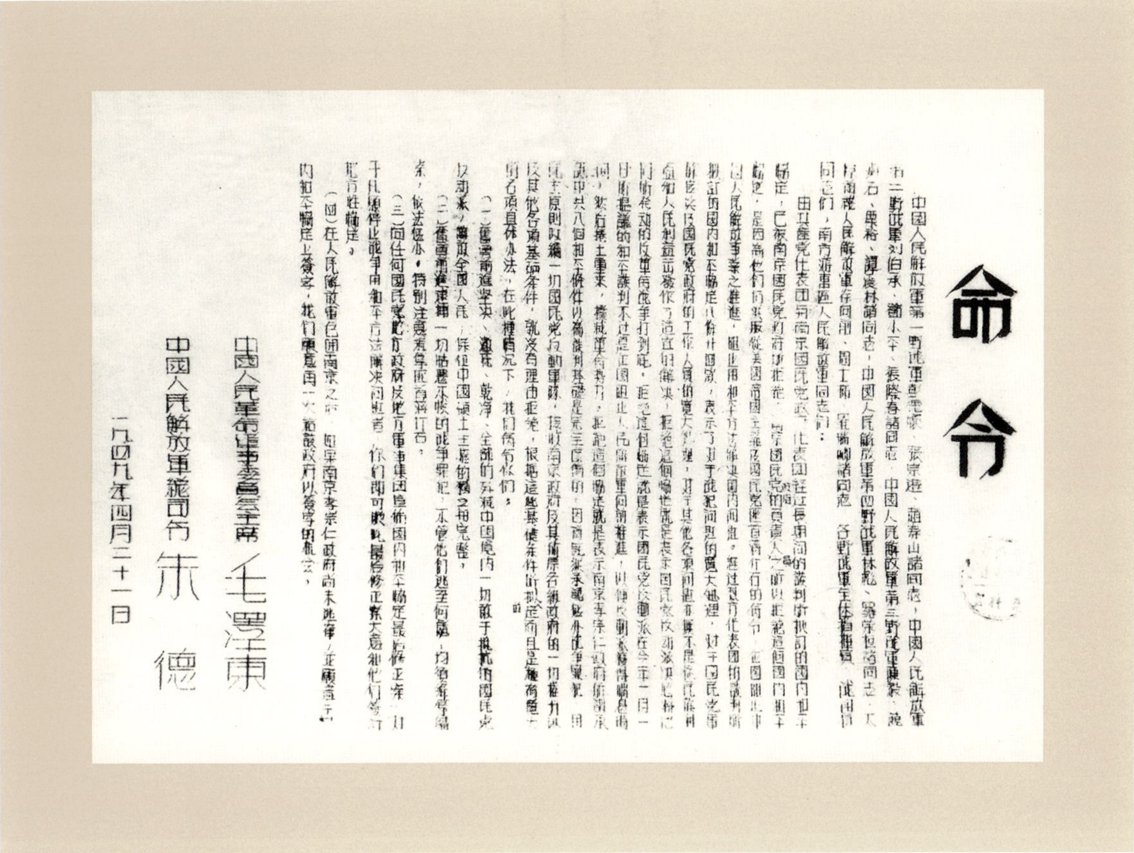

命令

中国人民解放军第一野战军彭德怀、张宗逊、赵寿山诸同志，中国人民解放军第二野战军刘伯承、邓小平、张际春诸同志，中国人民解放军第三野战军陈毅、饶漱石、粟裕、谭震林诸同志，中国人民解放军第四野战军林彪、罗荣桓诸同志，太原前线人民解放军徐向前、周士第、罗瑞卿诸同志，各野战军全体指挥员、战斗员同志们，南方游击区人民解放军同志们：

由共产党代表团和南京国民党政府代表团经过长期间的谈判所拟定的国内和平协定，已被南京国民党政府拒绝。南京国民党政府的负责人员之所以拒绝这个国内和平协定，是因为他们仍然服从美国帝国主义和国民党匪首蒋介石的命令，企图阻止中国人民解放事业之前进，阻止用和平方法解决国内问题。经过双方代表团所拟订的国内和平协定八条二十四款，表示了对于战犯问题的宽大处理，对于国民党军官兵及国民党政府的工作人员的宽大处理，对于其他各项问题亦无不是从民族利益和人民利益出发作了适当的解决。拒绝这个协定，就是表示国民党反动派决心将其反革命战争打到底。拒绝这个协定，就是表示国民党反动派在今年一月一日所提议的和平谈判不过是企图阻止人民解放军向前推进，以便反动派获得喘息时间，然后卷土重来，扑灭革命势力。拒绝这个协定，就是表示南京李宗仁政府所谓承认中共八个和平条件以为谈判基础是完全虚伪的。因为既然承认惩办战争罪犯、以民主原则改编一切国民党反动军队，接收南京政府及其所属各级政府的一切权力以及其他各项基本条件，就没有理由拒绝根据这些基本条件所拟定而且是极为宽大的各项具体办法。在此种情况下，我们命令你们：

（一）奋勇前进，坚决、彻底、干净、全部的歼灭中国境内一切敢于抵抗的国民党反动派，解放全国人民，保卫中国领土主权的独立和完整。

（二）奋勇前进，逮捕一切怙恶不悛的战争罪犯，不管他们逃至何处，均须缉拿归案，依法惩办。特别注意缉拿匪首蒋介石。

（三）向任何国民党地方政府和地方军事集团宣布国内和平协定最后修正案，对于凡愿停止战争用和平方法解决问题者，你们即可照此最后修正案大意和他们签订地方性的协定。

（四）在人民解放军包围南京之后，如果南京李宗仁政府尚未逃散，并愿意于国内和平协定上签字，我们愿意再一次给该政府以签字的机会。

中国人民革命军事委员会主席 毛泽东

中国人民解放军总司令 朱德

一九四九年四月二十一日

39

38 1949年4月21日，中国人民革命军事委员会主席毛泽东、中国人民解放军总司令朱德发布向全国进军的命令。命令人民解放军奋勇前进，坚决、彻底、干净、全部地歼灭敌人。

39 1949年4月20日午夜起，人民解放军在西起九江东北的湖口、东至江苏江阴的千里战线上强渡长江。

40

41

40 1949 年 4 月 23 日，人民解放军占领南京，宣告了国民党政府在全国反动统治的覆灭。

41 人民解放军占领南京“总统府”。

42 1949 年 5 月 27 日，第三野战军在中共上海地下党组织的配合和人民群众的支持下，解放了中国最大的城市上海。图为人民解放军进入上海市区。

42

43

44

43　1949 年 8 月 26 日，第一野战军解放兰州，兰州人民欢庆解放。

44　1949 年 4 月至 5 月，华北人民解放军解放了山西太原、大同以及河南安阳、新乡等地。图为解放军攻入国民党“太原绥靖公署”。

45

45　1949年5月17日，第四野战军解放武汉三镇。图为武汉人民欢庆解放。

46

46　第四野战军解放武汉后，向长沙合围。8月4日，国民党湖南省政府主席程潜、第一兵团司令陈明仁通电起义，长沙和平解放。图为解放军进入长沙。

中国人民革命军事委员会领导成员名单

（1949年6月）

主　　席　　毛泽东

副 主 席　　朱　德　刘少奇

　　　　　　周恩来　彭德怀

秘 书 长　　杨尚昆

人民解放军总部领导成员名单

（1949年6月）

总 司 令　　朱　德

副总司令　　彭德怀

参 谋 长　　叶剑英

总参谋部领导成员名单

（1949年6月）

总参谋长　　周恩来（兼）

副总参谋长　　叶剑英　聂荣臻

总政治部领导成员名单

（1949年6月）

主　　任　　刘少奇（兼）

副 主 任　　傅　钟

总后勤部领导成员名单

（1949年6月）

部　　长　　杨立三

第一野战军领导成员名单

（1949 年 6 月）

司　令　员	彭德怀
政 治 委 员	彭德怀（兼）
副 司 令 员	张宗逊　赵寿山
参　谋　长	阎揆要
政治部主任	甘泗淇
副 参 谋 长	王政柱　李夫克
政治部副主任	张德生
后勤部部长	黎化南
后勤部政治委员	方仲如
后勤部副部长	黄静波

第一兵团

司　令　员	王　震
政治委员	王　震（兼）
政治部主任	孙志远

第二兵团

司　令　员	许光达
政治委员	王世泰
副政治委员	徐立清
参　谋　长	张文舟
政治部主任	徐立清（兼）

第十八兵团

司　令　员	周士第
政治委员	周士第（兼）
副司令员	王新亭　陈漫远
副政治委员	王新亭（兼）
参　谋　长	陈漫远（兼）
政治部主任	胡耀邦

第十九兵团

司　令　员	杨得志
政治委员	李志民
副司令员	葛晏春　耿　飚
参　谋　长	耿　飚（兼）
政治部主任	潘自力
副参谋长	康博缨

第二野战军领导成员名单

（1949年8～9月）

司　令　员	刘伯承
政治委员	邓小平
副政治委员	张际春
参　谋　长	李　达
政治部主任	张际春（兼）

第三兵团

司　令　员	陈锡联
政治委员	谢富治
副司令员	王近山
	杜义德
政治部主任	阎红彦
副参谋长	王蕴瑞
政治部副主任	钟汉华
后勤部部长	胥光义

第四兵团

司　令　员	陈赓
政治委员	陈赓（兼）
副司令员	郭天民
副政治委员	刘志坚
政治部主任	刘志坚（兼）
政治部副主任	胡荣贵

第五兵团

司　令　员	杨　勇
政治委员	苏振华
副政治委员	张霖芝
政治部主任	王幼平（代）
副参谋长	潘　焱
政治部副主任	石新安

第三野战军领导成员名单

（1949 年 8～9 月）

司　令　员　陈　毅
政 治 委 员　饶漱石
副 司 令 员　粟　裕　张云逸
副政治委员　谭震林
参　谋　长　张　震　袁仲贤（代）
政治部主任　舒　同
副 参 谋 长　周骏鸣
政治部副主任　唐　亮　张　凯　钟期光

第七兵团

司　令　员　王建安
政 治 委 员　王建安（兼）
副 司 令 员　王必成
副政治委员　姬鹏飞
参　谋　长　李迎希
政治部主任　姬鹏飞（兼）

第九兵团

司　令　员　宋时轮
政 治 委 员　郭化若
参　谋　长　覃　健
政治部主任　谢有法
副 参 谋 长　王　彬

第十兵团

司　令　员　叶　飞
政 治 委 员　张鼎丞
韦国清
副 司 令 员　成　钧
政治部主任　刘培善
副 参 谋 长　陈铁君

第四野战军领导成员名单

（1949年6～7月）

司令员	林彪
第一政治委员	罗荣桓
第二政治委员	邓子恢
第一参谋长	萧克
第二参谋长	赵尔陆
政治部主任	谭政
副参谋长	陈光　聂鹤亭
政治部副主任	陶铸
后勤部部长	周纯全　李聚奎
后勤部政治委员	陈沂
军需部部长	杨至诚
军需部副部长	魏庭槐

第十二兵团

司令员	萧劲光
政治委员	萧劲光（兼）
第一副司令员	陈伯钧
第二副司令员	韩先楚
副政治委员	唐天际
参谋长	解方
政治部主任	唐天际（兼）
副参谋长	潘朔端
政治部副主任	卓雄

第十三兵团

司令员	程子华
政治委员	萧华
第一副司令员	李天佑
第二副司令员	彭明治
副司令员	李士林
参谋长	彭明治（兼）
政治部主任	刘道生
政治部副主任	卓雄

第十四兵团

司令员	刘亚楼
政治委员	莫文骅
第一副司令员	黄永胜
第二副司令员	刘震
副政治委员	吴法宪
政治部主任	吴法宪（兼）

第十五兵团

司令员	邓华
政治委员	赖传珠
第一副司令员	洪学智
第二副司令员	贺晋年
参谋长	洪学智（兼）
政治部主任	萧向荣

华北军区领导成员名单

（1949 年 6～7 月）

司　令　员	聂荣臻
政治委员	薄一波
副司令员	徐向前
参　谋　长	唐延杰
政治部主任	罗瑞卿
副参谋长	王世英
政治部副主任	蔡树藩

第二十兵团

司　令　员	杨成武
政治委员	李天焕
副司令员	文年生
参　谋　长	文年生（兼）
政治部主任	向仲华
副参谋长	赵冠英

召开人民政协 筹建新中国

1949 年 6 月 15 日，新政治协商会议筹备会在北平成立，推选出以毛泽东为主任，周恩来等为副主任的筹备会常务委员会，负责筹备召开新的政治协商会议，成立民主联合政府的工作。新政治协商会议筹备会下设六个小组，分别负责起草共同纲领，拟定政府方案，拟定代表名单及国旗、国歌方案等，全面展开了筹建新中国政权的工作。

1949 年 9 月 21 日至 30 日，中国人民政治协商会议第一届全体会议在北平中南海怀仁堂隆重举行。参加会议的有中国共产党、各民主党派、无党派民主人士、各人民团体、人民解放军、各地区、各少数民族、国外华侨和宗教界民主人士等四十五个单位，以及特别邀请人士，共六百二十二名代表。这次会议得到全国人民的信任和拥护，具有广泛的代表性，是一次全国人民大团结的盛会。毛泽东在开幕词中向全世界庄严宣告："占人类总数四分之一的中国人从此站立起来了。……我们的民族将再也不是一个被人侮辱的民族了，我们已经站起来了。"

这次会议执行全国人民代表大会的职权，通过了具有临时宪法性质的《中国人民政治协商会议共同纲领》，它规定"中华人民共和国为新民主主义即人民民主主义的国家，实行工人阶级领导的、以工农联盟为基础的、团结各民主阶级和国内各民族的人民民主专政"；通过了《中华人民共和国中央人民政府组织法》和《中国人民政治协商会议组织法》；选举产生了以毛泽东为主席，朱德、刘少奇、宋庆龄、李济深、张澜、高岗为副主席，陈毅等五十六人为委员的中央人民政府委员会，选举产生了中国人民政治协商会议全国委员会。会议还通过决议：中华人民共和国国都定于北平，将北平改名为北京；采用公元纪年；在国歌正式制定前，以《义勇军进行曲》为代国歌；国旗为五星红旗，象征全国人民在共产党领导下的大团结。9 月 30 日，全体代表在天安门广场举行人民英雄纪念碑奠基典礼。大会最后通过宣言，号召全国人民进一步组织起来，建设独立、民主、和平、统一和富强的新中国！

新政治协商会议筹备会

47

47　1949年6月15日至19日，新政治协商会议筹备会第一次全体会议在北平中南海勤政殿举行。参加会议的有中国共产党、各民主党派、各人民团体、各界民主人士、少数民族、海外华侨等二十三个单位，共一百三十四人。图为全体代表合影。

48　1949 年 6 月 15 日，新政治协商会议筹备会第一次全体会议临时主席周恩来宣布会议开幕。

49　中共中央主席毛泽东在开幕式讲话中指出，新政治协商会议筹备会的任务是“完成各项必要的准备工作，迅速召开新的政治协商会议，成立民主联合政府”。

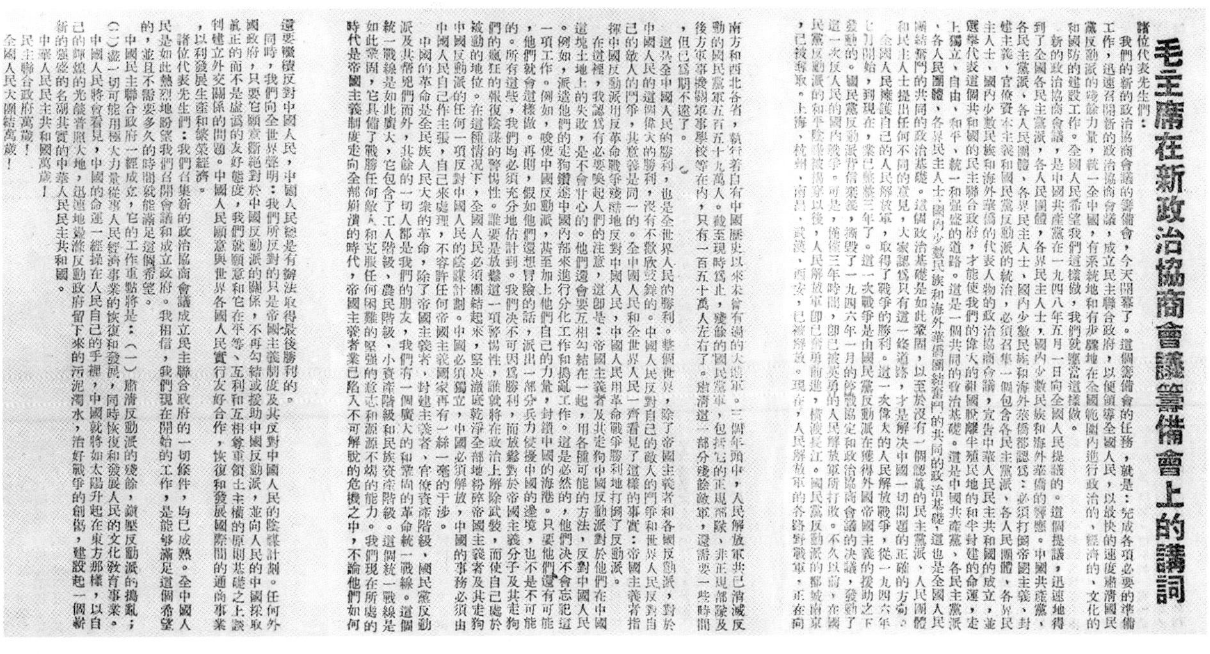

毛主席在新政治協商會議籌備會上的講詞

諸位代表先生們：

我們的新的政治協商會議的籌備會，今天開幕了。這個籌備會的任務，就是：完成各項必要的準備工作，迅速召開新的政治協商會議，成立民主聯合政府，以便領導全國人民，以最快的速度肅清國民黨反動派的殘餘力量，統一全中國，有系統地和有步驟地在全國範圍內進行政治的、經濟的、文化的和國防的建設工作。全國人民希望我們這樣做，我們就應當這樣做。

新的政治協商會議，是中國共產黨在一九四八年五月一日向全國人民提議的。這個提議，迅速地得到了全國各民主黨派，各人民團體，各界民主人士，國內少數民族和海外華僑的響應。中國共產黨、各民主黨派、各人民團體、各界民主人士、國內少數民族和海外華僑都認爲：必須打倒帝國主義、封建主義、官僚資本主義和國民黨反動派的統治，必須召集一個包含各民主黨派、各人民團體、各界民主人士、國內少數民族和海外華僑的代表人物的政治協商會議，宣告中華人民民主共和國的成立，並選舉代表這個共和國的民主聯合政府，才能使我們的偉大的祖國脫離半殖民地的和半封建的命運，走上獨立、自由、和平、統一和强盛的道路。這是一個共同的政治基礎。這是中國共產黨、各民主黨派、各人民團體、各界民主人士、國內少數民族和海外華僑團結奮鬥的共同的政治基礎，這也是全國人民團結奮鬥的共同的政治基礎。這個政治基礎是如此鞏固，以至於沒有一個認眞的民主黨派、人民團體和民主人士提出任何不同的意見，大家認爲只有這一條道路，才是解決中國一切問題的正確的方向。

全國人民擁護自己的人民解放軍，取得了戰爭的勝利。這一次偉大的人民解放戰爭，從一九四六年七月開始，到現在，業已整整三年了。這一次戰爭是由國民黨反動派在獲得外國帝國主義的援助之下發動的。國民黨反動派背信棄義，撕毀了一九四六年一月的停戰協定和政治協商會議的決議，發動了這一次反人民的國內戰爭。可是，僅僅三年時間，即已被英勇的人民解放軍所打敗。不久以前，在國民黨反動派的和平陰謀被揭穿以後，人民解放軍即已奮勇前進，横渡長江。國民黨反動派的都城南京，已被奪取。上海、杭州、南昌、武漢、西安，已被解放。現在，人民解放軍的各路野戰軍，正在向南方和西北各省，執行着自有中國歷史以來未曾有過的大進軍。三個年頭中，人民解放軍共已消滅反動的國民黨軍五百五十九萬人。截至現時爲止，殘餘的國民黨軍，包括它的正規部隊、非正規部隊及後方軍事機關軍事學校等在內，只有一百五十萬人左右了。肅清這一部分殘餘敵軍，還需要一些時間，但已爲期不遠了。

這是全中國人民的勝利，也是全世界人民的勝利。整個世界，除了帝國主義者和各國反動派，對於中國人民的這個偉大的勝利，沒有不歡欣鼓舞的。中國人民反對自己的敵人的鬥爭和世界人民反對自己的敵人的鬥爭，其意義是同一的。全中國人民和全世界人民一齊看見了這樣的事實：帝國主義者指揮中國反動派用反革命戰爭殘酷地反對中國人民，中國人民用革命戰爭勝利地打倒了反動派。

在這裡，我認爲有必要喚起人們的注意，這即是：帝國主義者及其走狗中國反動派對於他們在中國這塊土地上的失敗，是不會甘心的。他們還會要互相勾結在一起，用各種可能的方法，反對中國人民。例如，派遣他們的走狗鑽進中國內部來進行分化工作和搗亂工作。這是必然的，他們決不會忘記這一項工作。例如，唆使中國反動派，甚至加上他們自己的力量，封鎖中國的海港。只要他們還有可能，他們就會這樣做。再則，假如他們還想冒險的話，派出一部分兵力侵擾中國的邊境，也不是不可能的。所有這些，我們均必須充分地估計到。我們決不可因爲勝利，而放鬆對於帝國主義分子及其走狗們的瘋狂的報復陰謀的警惕性。誰要是放鬆這一項警惕性，誰就將在政治上解除武裝，而使自己處於被動的地位。在這種情况下，全國人民必須團結起來，堅决澈底乾淨全部地粉碎帝國主義者及其走狗中國反動派的任何一項反對中國人民的陰謀計劃。中國必須獨立，中國必須解放，中國的事務必須由中國人民自己作主張，自己來處理，不容許任何帝國主義國家再有一絲一毫的干涉。

中國的革命是全民族人民大衆的革命，除了帝國主義者、封建主義者、官僚資產階級、國民黨反動派及其幫兇們而外，其餘的一切人都是我們的朋友，我們有一個廣大的和鞏固的革命統一戰線。這個統一戰線是如此廣大，它包含了工人階級、農民階級、小資產階級和民族資產階級。這個統一戰線是如此鞏固，它具備了戰勝任何敵人和克服任何困難的堅强的意志和源源不竭的能力。我們現在所處的時代是帝國主義制度走向全部崩潰的時代，帝國主義者業已陷入不可解脫的危機之中，不論他們如何還要繼續反對中國人民，中國人民總是有辦法取得最後勝利的。

同時，我們向全世界聲明：我們所反對的只是帝國主義制度及其反對中國人民的陰謀計劃。任何外國政府，只要它願意斷絕對於中國反動派的關係，不再勾結或援助中國反動派，並向人民的中國採取眞正的而不是虛僞的友好態度，我們就願意和它在平等、互利和互相尊重領土主權的原則基礎之上談判建立外交關係的問題。中國人民願意與世界各國人民實行友好合作，恢復和發展國際間的通商事業，以利發展生產和繁榮經濟。

諸位代表先生們：我們召集新的政治協商會議成立民主聯合政府的一切條件，均已成熟。全中國人民是如此熱烈地盼望我們召開會議和成立政府。我相信，我們現在開始的工作，是能够滿足這個希望的，並且不需要多久的時間就能滿足這個希望。

中國民主聯合政府一經成立，它的工作重點將是：（一）肅清反動派的殘餘，鎭壓反動派的搗亂；（二）盡一切可能用極大力量從事人民經濟事業的恢復和發展，同時恢復和發展人民的文化教育事業。中國人民將會看見，中國的命運一經操在人民自己的手裡，中國就將如太陽升起在東方那樣，以自己的輝煌的光燄普照大地，迅速地蕩滌反動政府留下來的污泥濁水，治好戰爭的創傷，建設起一個嶄新的强盛的名副其實的中華人民民主共和國。

中華人民民主共和國萬歲！

民主聯合政府萬歲！

全國人民大團結萬歲！

50　毛泽东在开幕式上的讲话文稿。

51

51　1949年6月16日，新政治协商会议筹备会第一次全体会议选举毛泽东为主任，周恩来、李济深、沈钧儒、郭沫若、陈叔通为副主任的二十一人的筹备会常务委员会。图为常务委员合影(张澜未到)。一排左起：谭平山、章伯钧、朱德、毛泽东、沈钧儒、李济深、陈嘉庚、沈雁冰；二排左起：黄炎培、马寅初、陈叔通、郭沫若、蔡廷锴、乌兰夫；三排左起：周恩来、林伯渠、蔡畅、张奚若、马叙伦、李立三。

新政治协商会议筹备会各小组分工

	分　　工	组　长	副组长
第一小组	拟定参加中国人民政治协商会议之单位及其代表名额	李维汉	章伯钧
第二小组	起草中国人民政治协商会议组织法	谭平山	周新民
第三小组	起草中国人民政治协商会议共同纲领	周恩来	许德珩
第四小组	起草中华人民共和国中央人民政府组织法	董必武	黄炎培（离平时由张奚若代）
第五小组	起草宣言	郭沫若	陈劭先
第六小组	拟定国旗、国徽、国歌方案	马叙伦	叶剑英 沈雁冰

52

52　1949年6月16日，新政治协商会议筹备会常务委员会决定设立六个小组，分别进行各项工作。

53

53　1949年6月19日，新政治协商会议筹备会秘书长、第一小组组长李维汉作《关于参加新政治协商会议的单位及其代表名额的规定（草案）》的说明，会议通过了这个规定。

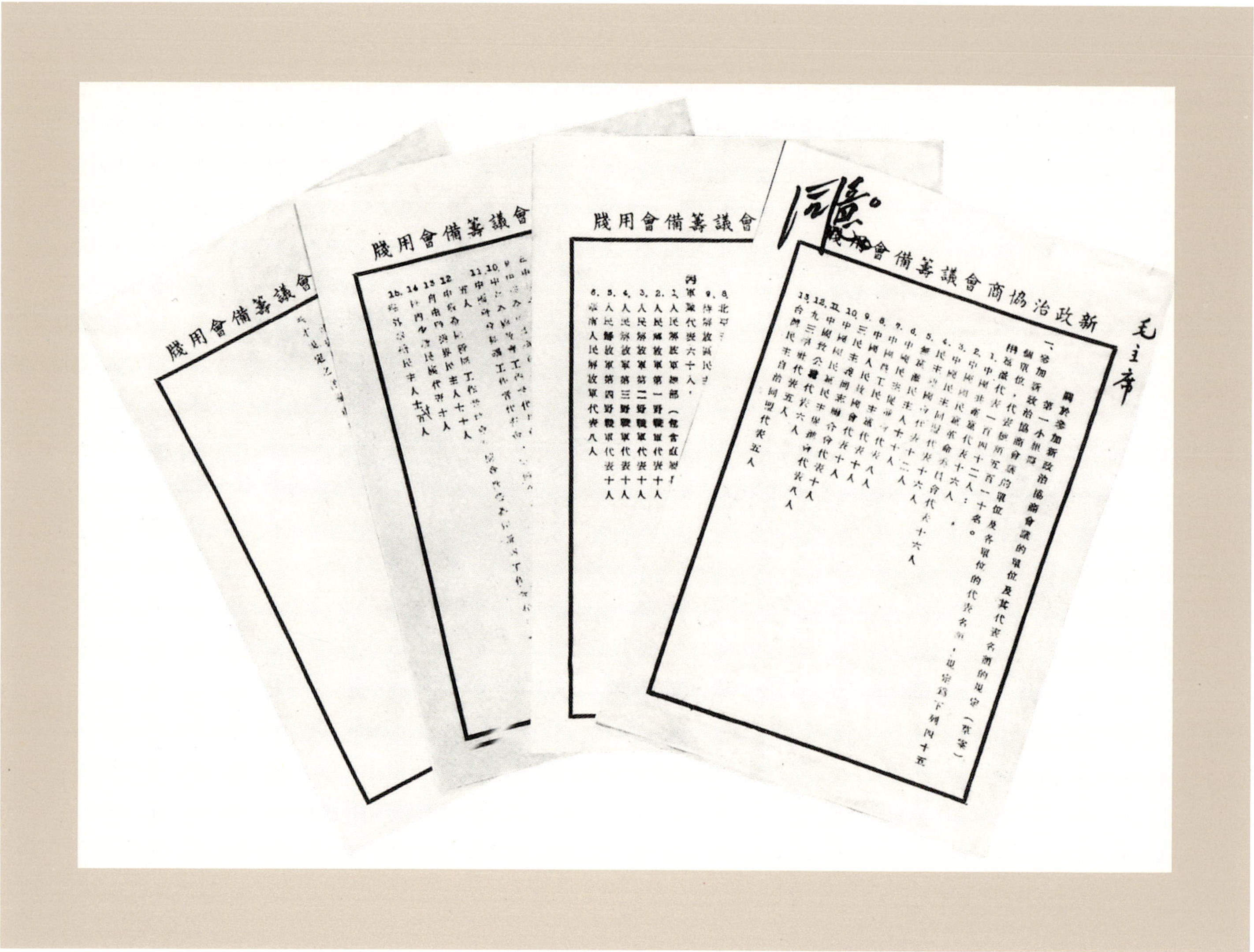

54

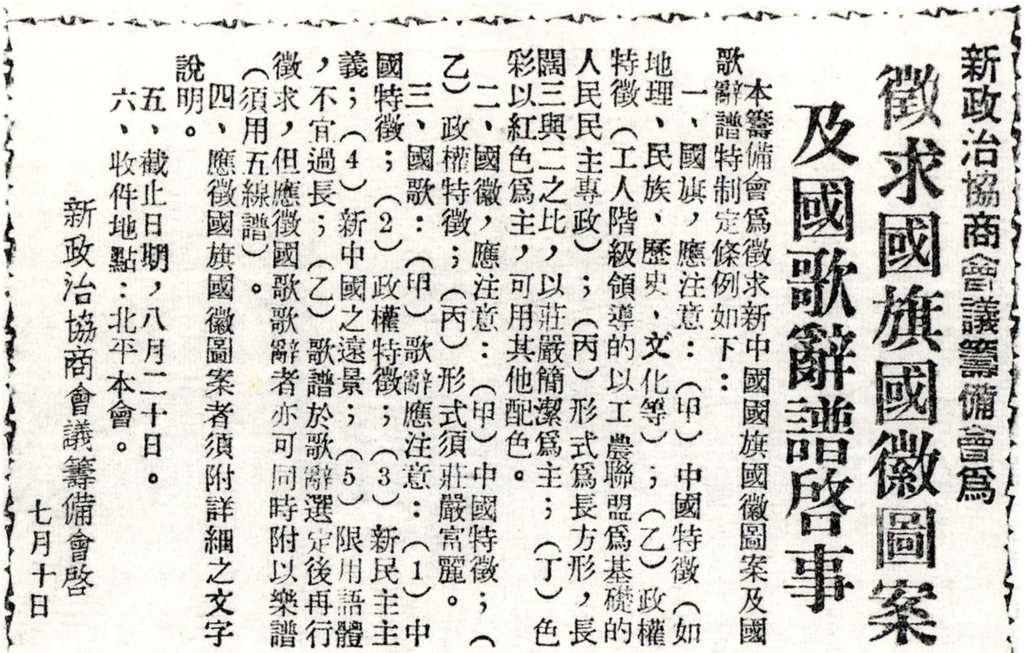

55

新政治協商會議籌備會爲
徵求國旗國徽圖案及國歌辭譜啓事

本籌備會爲徵求新中國國旗國徽圖案及國歌辭譜特制定條例如下：

一、國旗，應注意：（甲）中國特徵（如地理、民族、歷史、文化等）；（乙）政權特徵（工人階級領導的以工農聯盟爲基礎的人民民主專政）；（丙）形式爲長方形，長闊三與二之比，以莊嚴簡潔爲主；（丁）色彩以紅色爲主，可用其他配色。

二、國徽，應注意：（甲）中國特徵；（乙）政權特徵；（丙）形式須莊嚴富麗。

三、國歌：（甲）歌辭應注意：（1）中國特徵；（2）政權特徵；（3）新民主主義；（4）新中國之遠景；（5）限用語體，不宜過長；（乙）歌譜於歌辭選定後再行徵求，但應徵國歌歌辭者亦可同時附以樂譜（須用五線譜）。

四、應徵國旗國徽圖案者須附詳細之文字說明。

五、截止日期，八月二十日。

六、收件地點：北平本會。

新政治協商會議籌備會啓

七月十日

54　新政治协商会议筹备会第一小组拟定、经毛泽东审阅批准的《关于参加新政治协商会议的单位及其代表名额的规定（草案）》。

55　1949 年 7 月 10 日，新政治协商会议筹备会决定公开向全国征集国旗、国徽图案和国歌词谱。图为《人民日报》刊登的征集启事。

56－①

56－②

56－③

56－④

56－⑤

56－⑥

56　截至 8 月 20 日，新政治协商会议筹备会收到全国各地群众和海外华侨应征国旗图案 2992 幅，国徽图案 900 幅，国歌词谱 694 首，意见书 24 封。图为应征和复选的部分国旗图案。

56－⑦

56－⑧

56－⑨

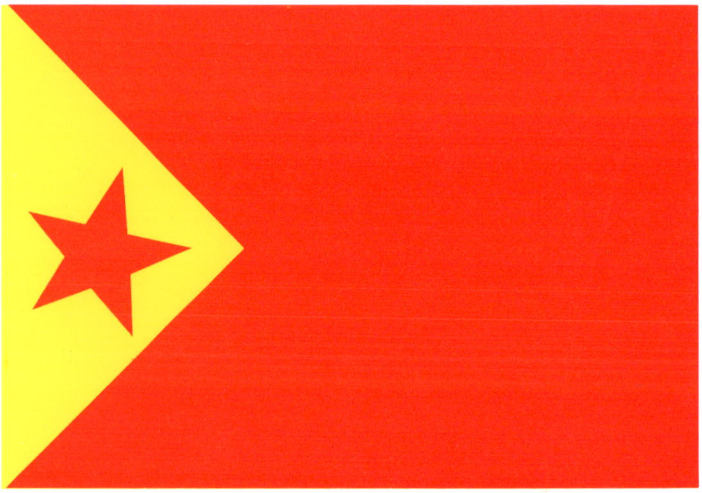

56－⑩

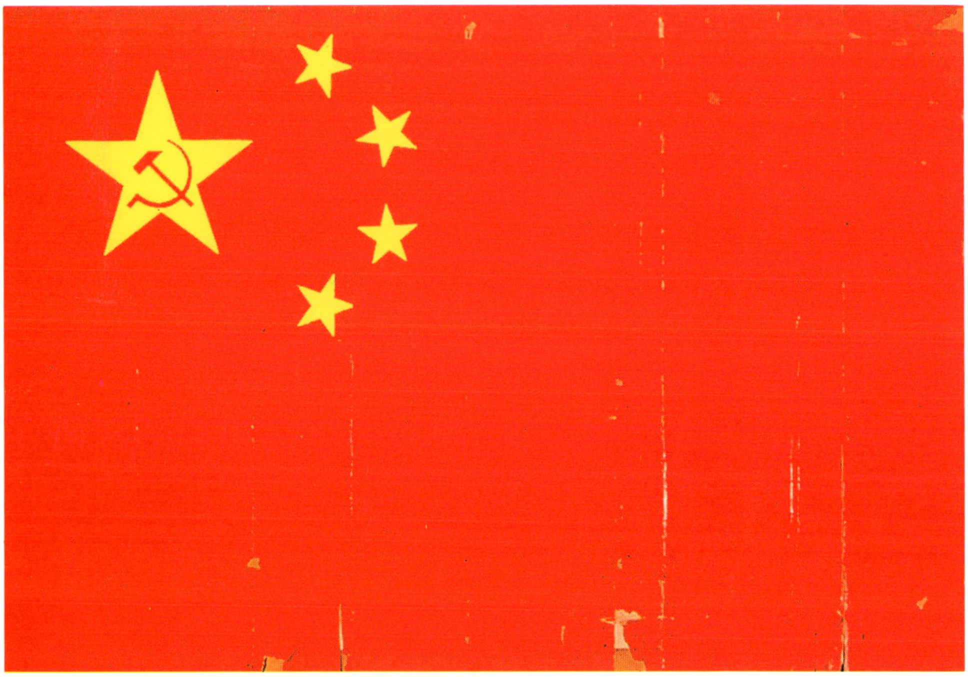

57

57　曾联松设计的五星红旗图案原稿。新政治协商会议筹备会第六小组复选时删去了原稿大星中的镰刀、斧头，编为复字第三十二号。

58

58　1949年9月17日，新政治协商会议筹备会第二次全体会议在中南海勤政殿举行，周恩来代表常务委员会作筹备工作报告。会议决定将新的政治协商会议正式定名为中国人民政治协商会议，并通过了提交会议讨论的有关文件。

59　新政治协商会议筹备会主席团标记。

60　新政治协商会议筹备会代表胸章。

59

60

61

61 新政治协商会议筹备会期间，毛泽东主席与海外华侨民主人士代表陈嘉庚（左一）、庄明理（左三）合影。

62 会议休息时，毛泽东主席与解放区农民团体代表亲切握手和交谈。

63 周恩来等代表在新政治协商会议筹备会期间合影。左起：沈志远、吴晗、周恩来、沈钧儒、翦伯赞、楚图南。

62

63

中国人民政治协商会议第一届全体会议

64

65

64　1949 年 9 月 21 日至 30 日，中国人民政治协商会议第一届全体会议在北平中南海怀仁堂隆重举行。图为中南海新华门。

65　中国人民政治协商会议第一届全体会议会场。

66

67

66 军乐队在会场二门前奏乐，欢迎会议代表入场。

67 参加中国人民政治协商会议第一届全体会议的代表步入会场。

68

69

68 中国共产党首席代表毛泽东验证入场。

69 中国人民解放军总部首席代表朱德验证入场。

70

70 中国人民政治协商会议第一届全体会议代表证。

71 中国人民政治协商会议第一届全体会议代表证章。

72 中国人民政治协商会议第一届全体会议代表签名册。

71

72

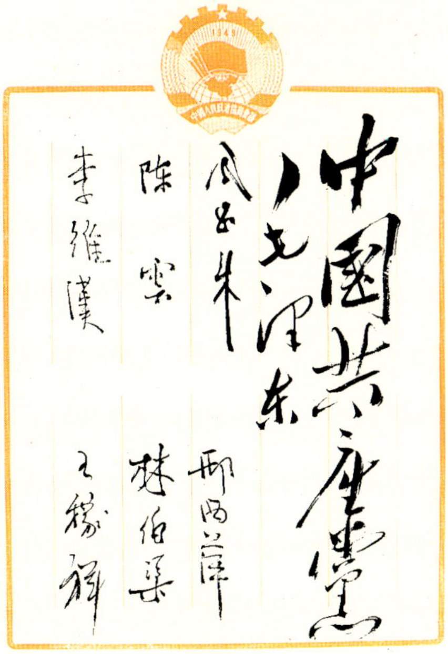

73－①

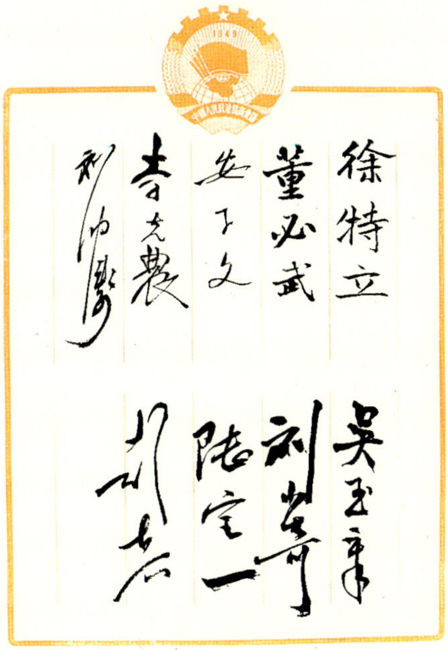

73－②

73－③

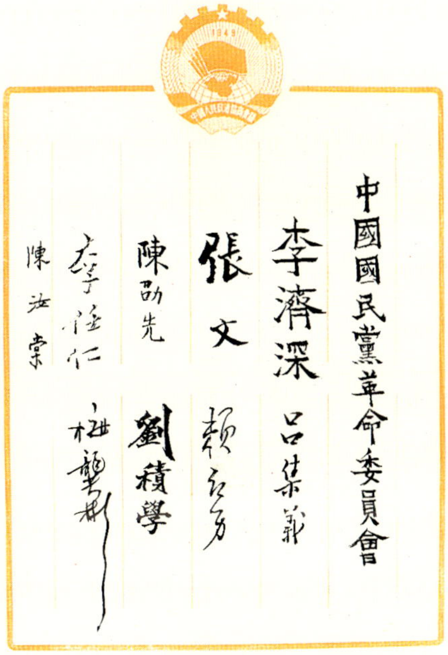

74－①

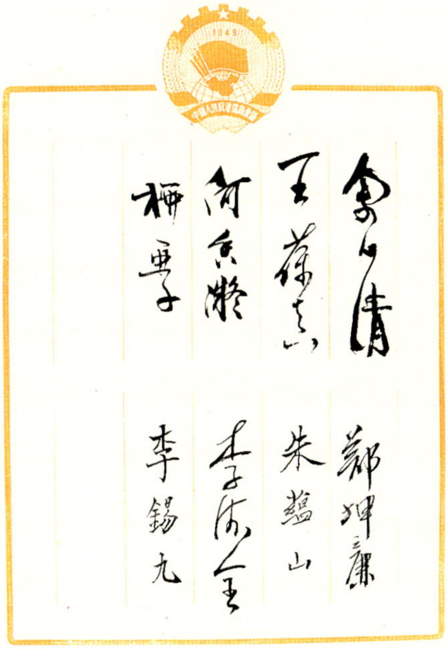

74－②

73　中国共产党代表签名。

74　中国国民党革命委员会代表签名。

75　中国民主同盟代表签名。

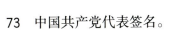

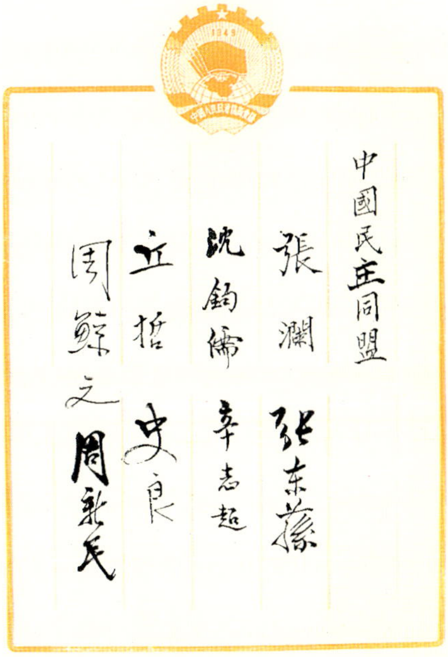

75－①

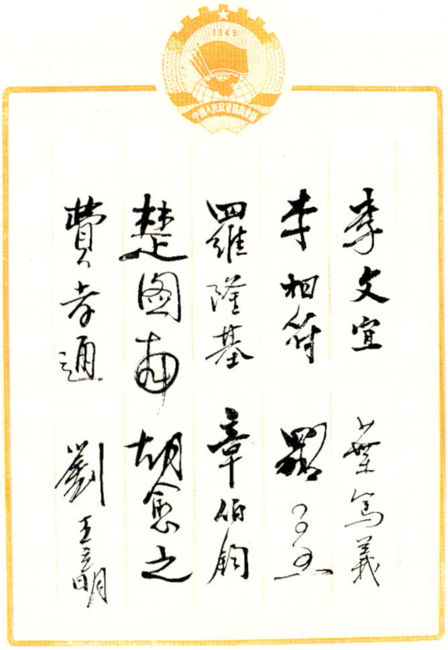

75－②

76－②

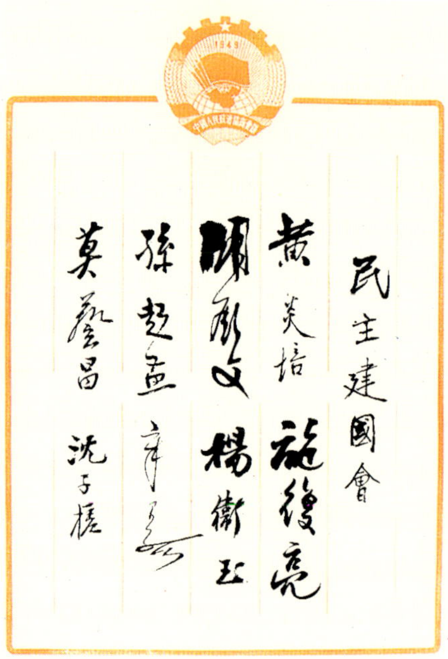

76－①

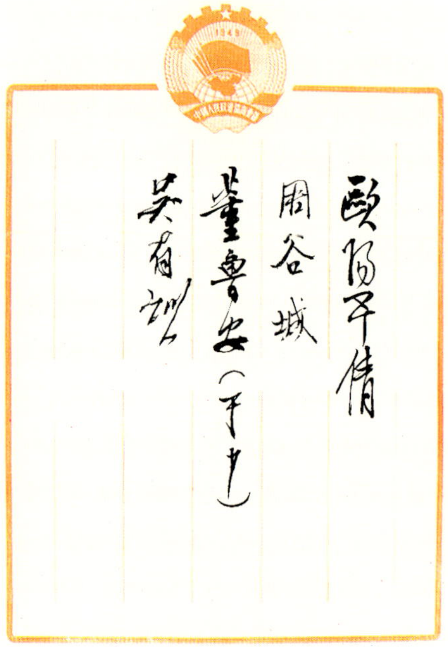

77－②

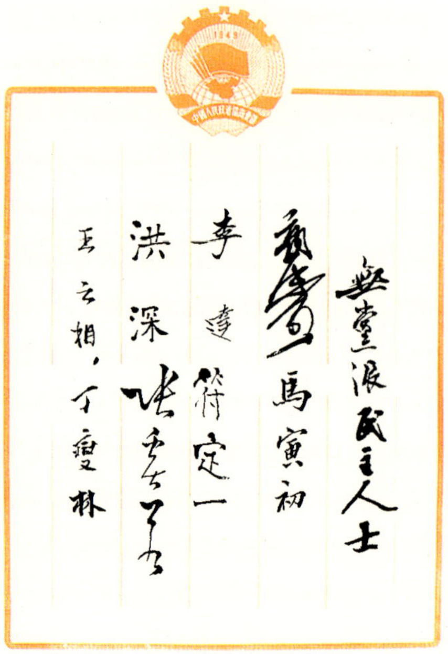

77－①

76　民主建国会代表签名。

77　无党派民主人士代表签名。

78　中国民主促进会代表签名。

79　中国农工民主党代表签名。

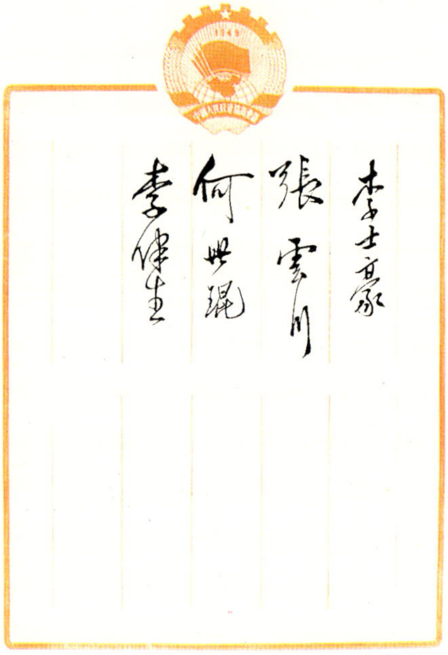

79－②

79－①

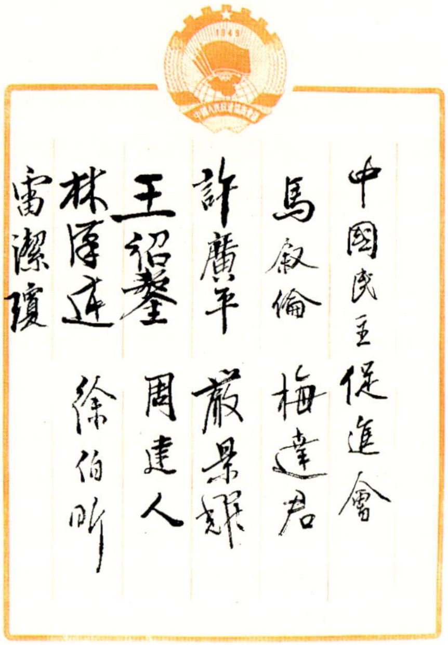

78

80　中国人民救国会代表签名。

81　三民主义同志联合会代表签名。

82　中国国民党民主促进会代表签名。

83　中国致公党代表签名。

84　九三学社代表签名。

80－①

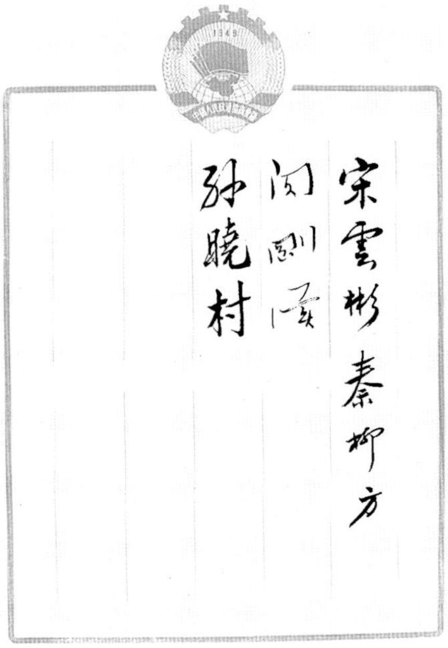

80－②

81－①

81－②

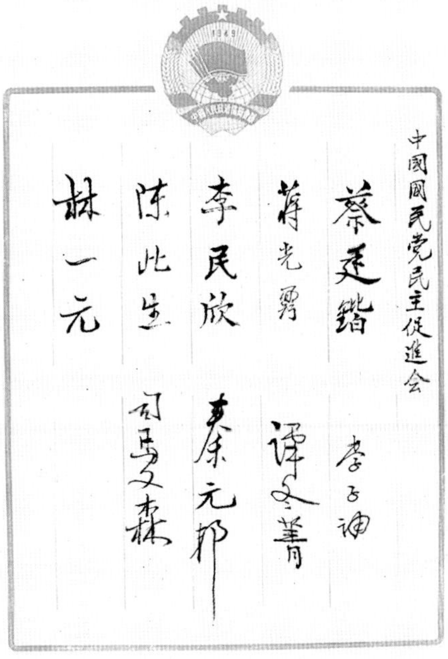

82

83

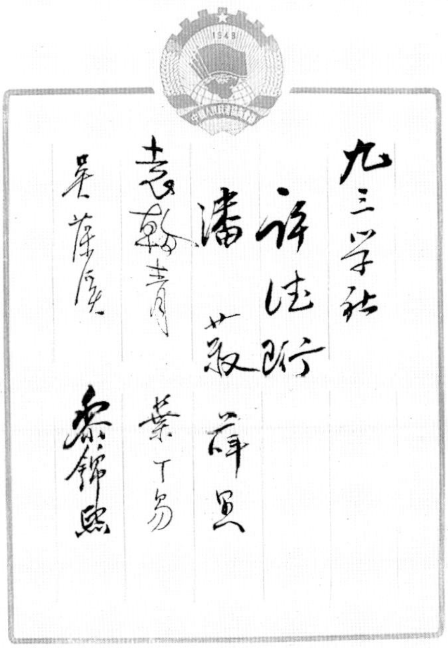

84

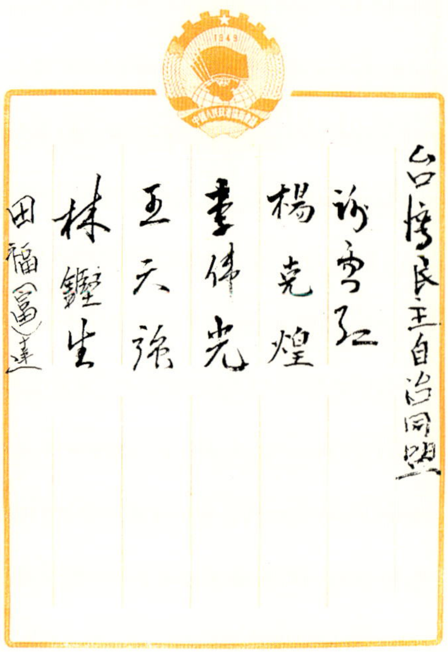

85

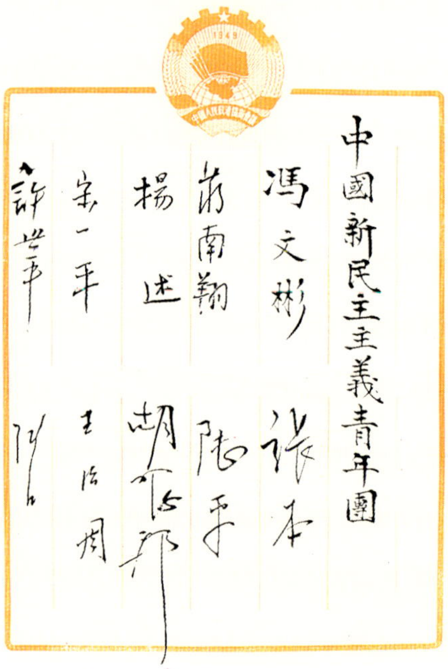

86－①

86－②

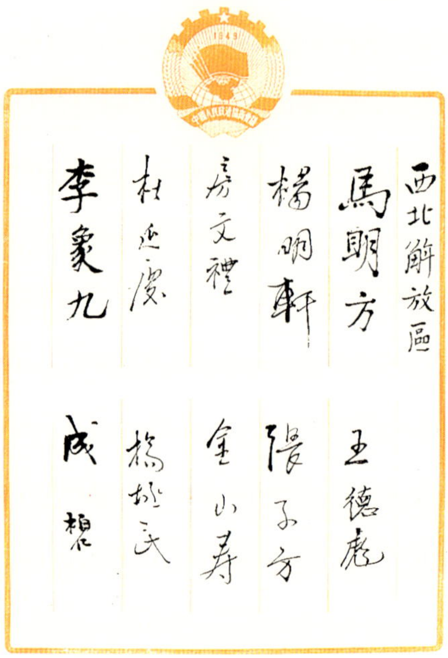

87－①

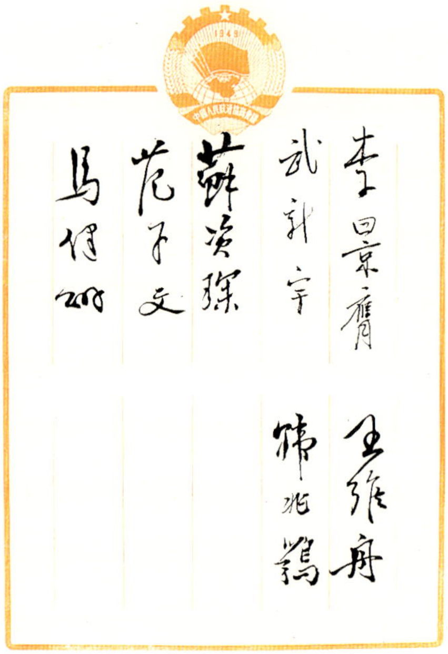

87－②

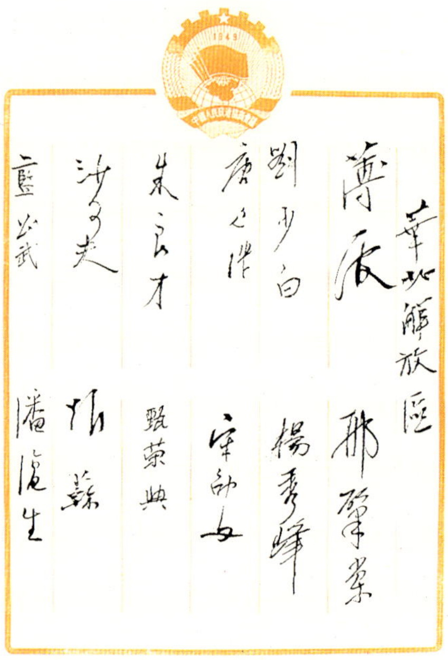

88－①

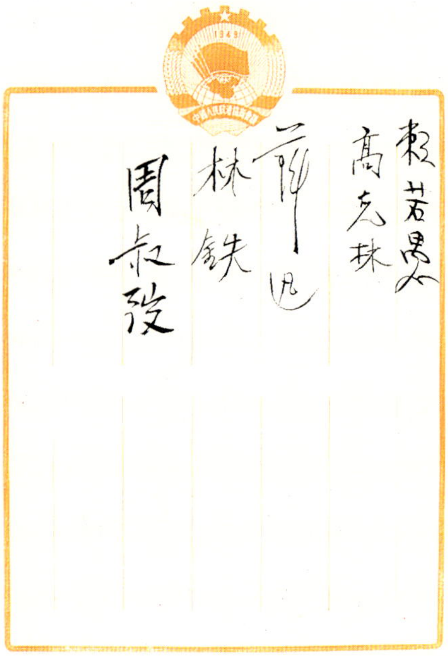

88－②

85　台湾民主自治同盟代表签名。

86　中国新民主主义青年团代表签名。

87　西北解放区代表签名。

88　华北解放区代表签名。

89　华东解放区代表签名。

90　东北解放区代表签名。

91　华中解放区代表签名。

92　华南解放区代表签名。

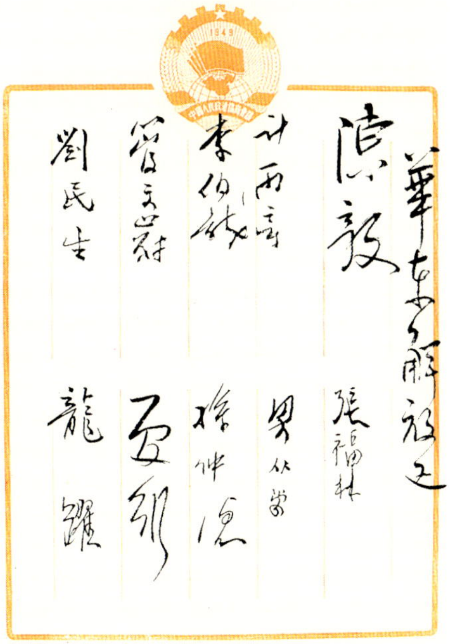

89－①

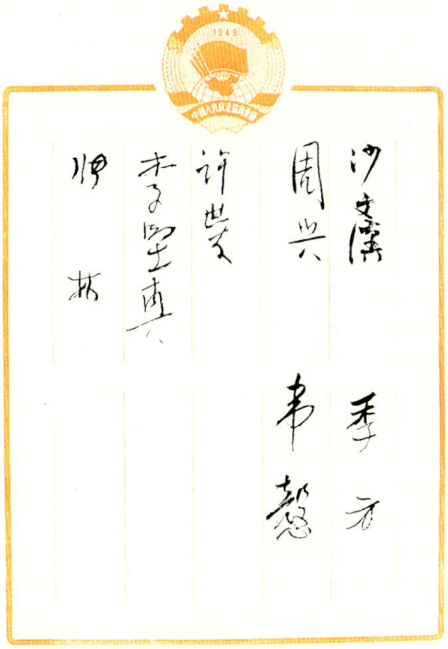

89－②

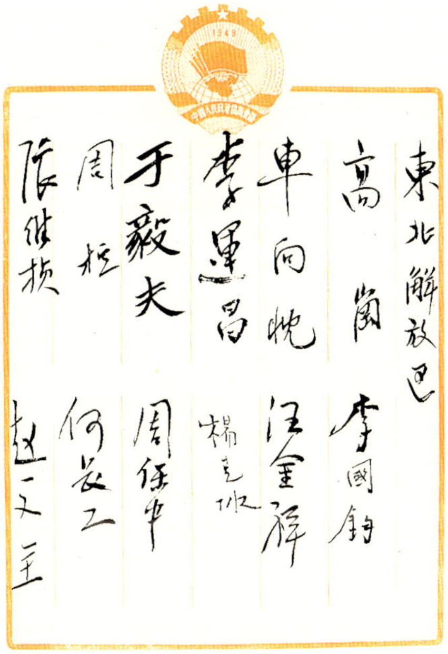

90－①

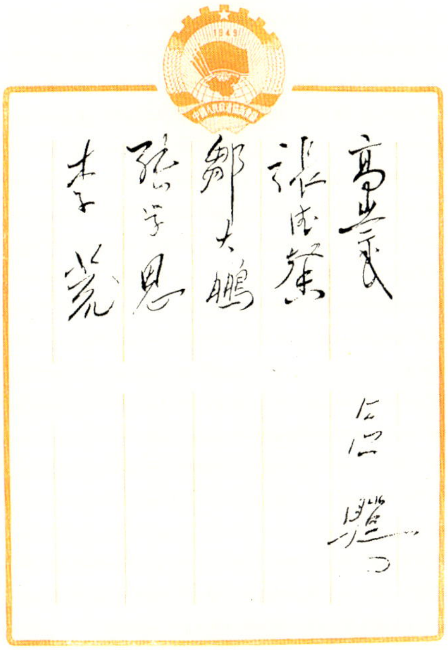

90－②

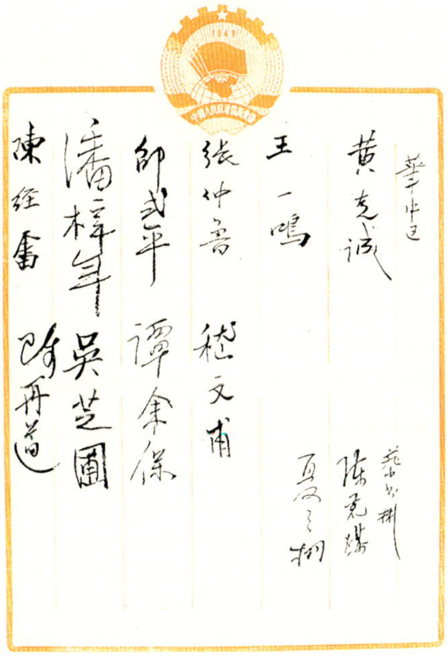

91－①

91－②

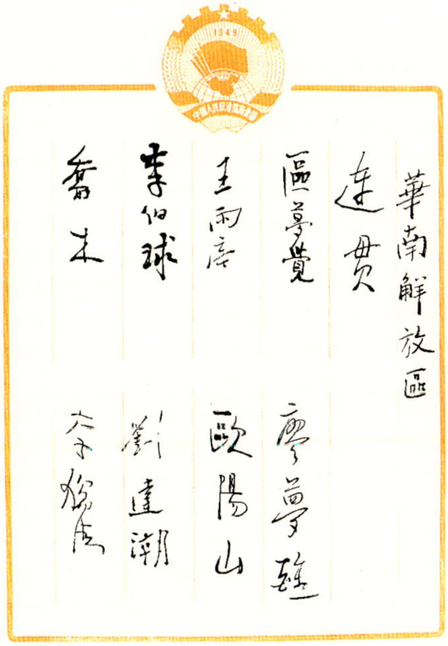

92

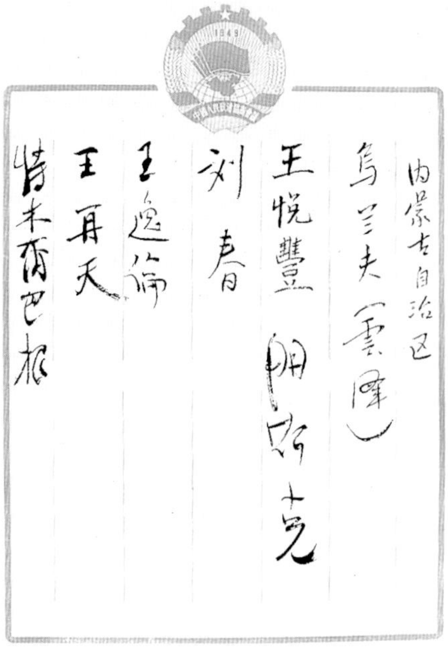

93

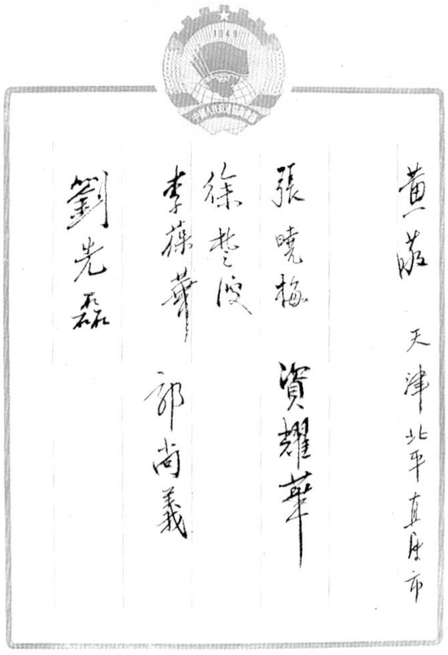

94

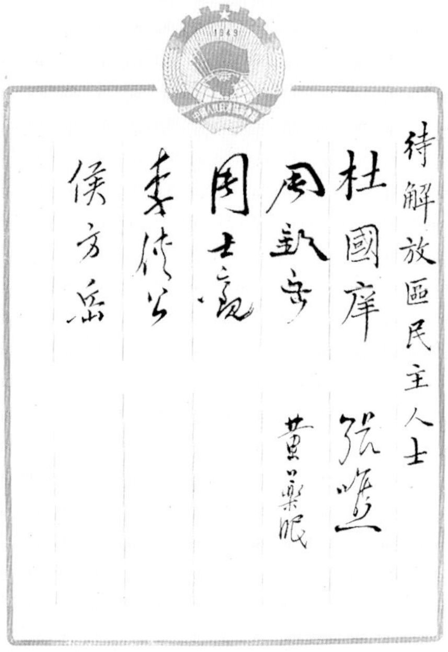

95

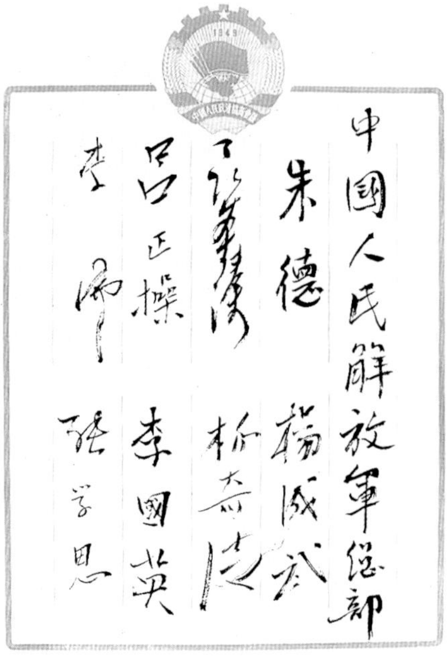

96－①

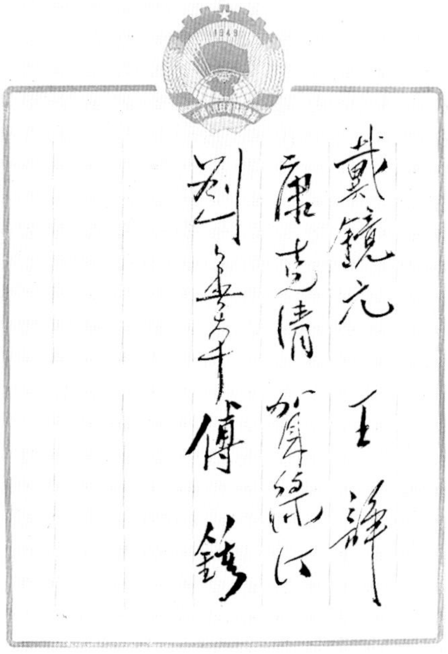

96－②

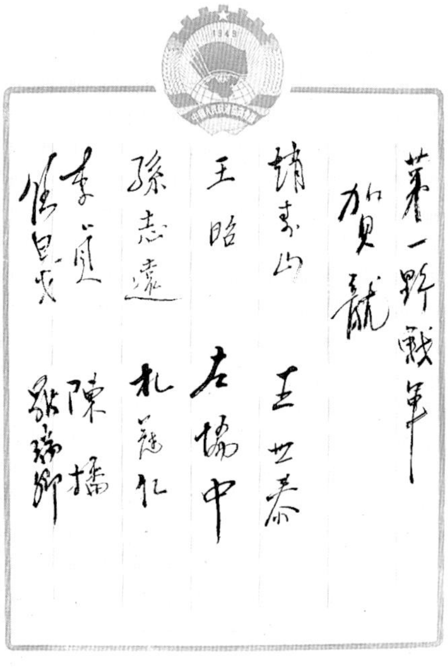

97

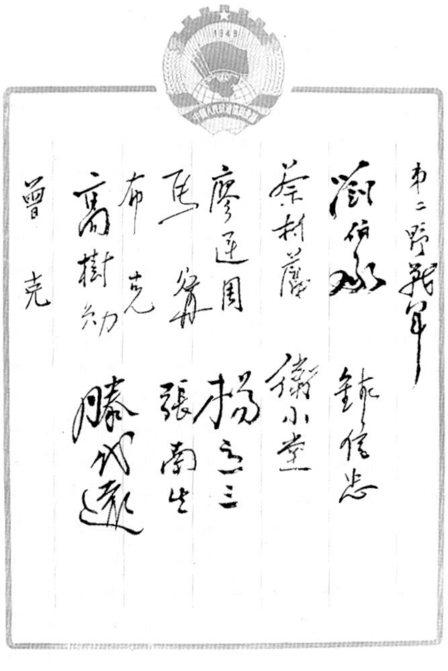

98

93　内蒙古自治区代表签名。

94　北平、天津两直属市代表签名。

95　待解放区民主人士代表签名。

96　中国人民解放军总部代表签名。

97　中国人民解放军第一野战军代表签名。

98　中国人民解放军第二野战军代表签名。

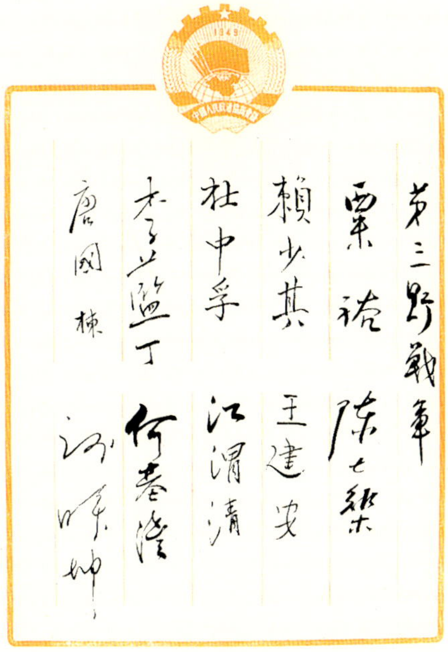

99－①

99－②

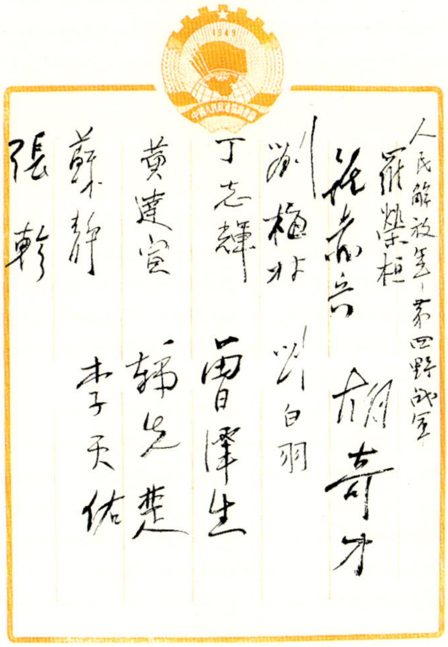

100

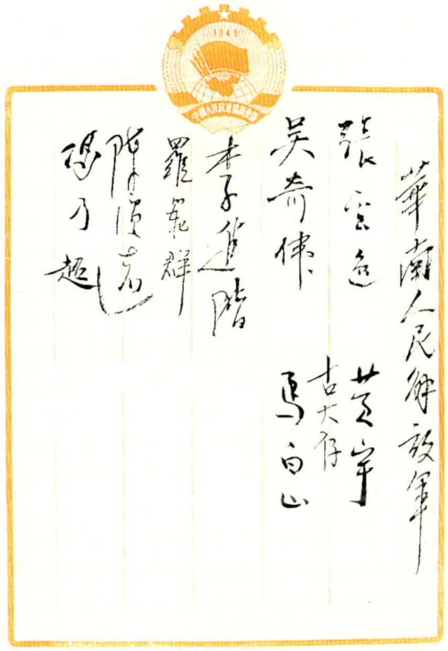

101

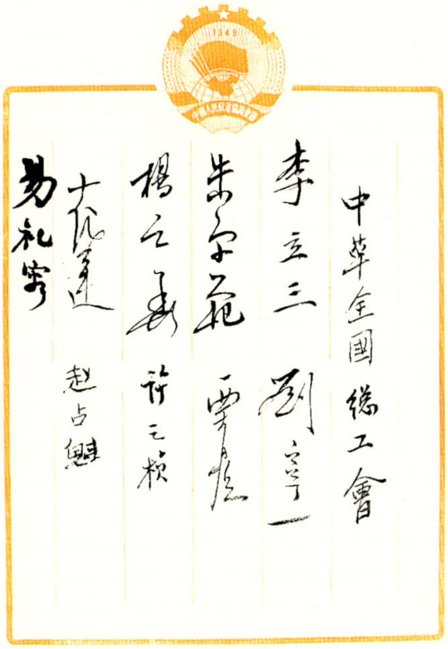

102－①

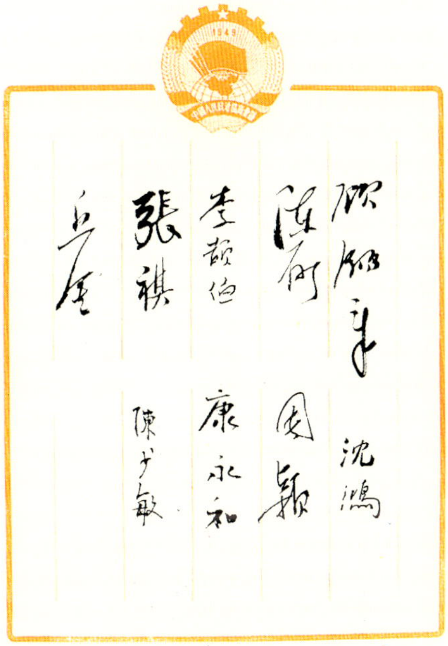

102－②

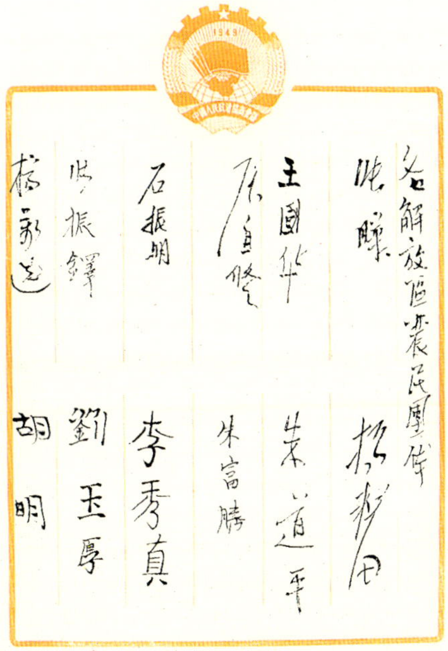

103－①

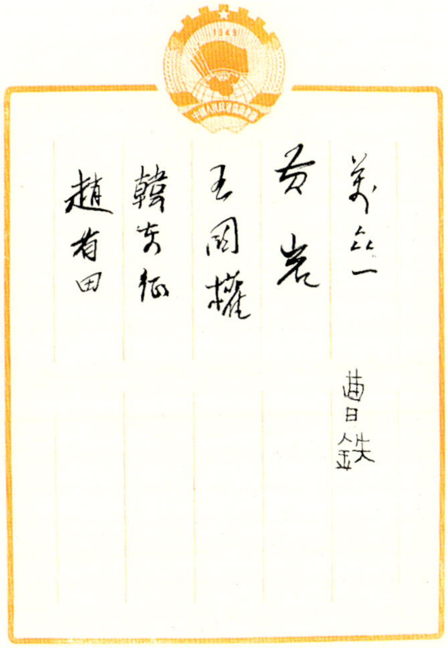

103－②

99　中国人民解放军第三野战军代表签名。

100　中国人民解放军第四野战军代表签名。

101　华南人民解放军代表签名。

102　中华全国总工会代表签名。

103　各解放区农民团体代表签名。

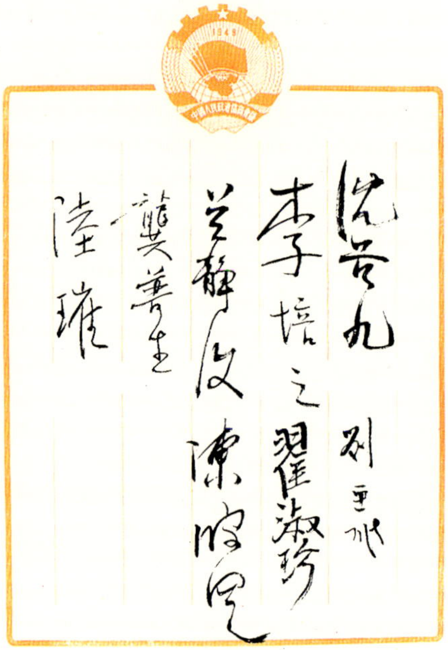

104－②

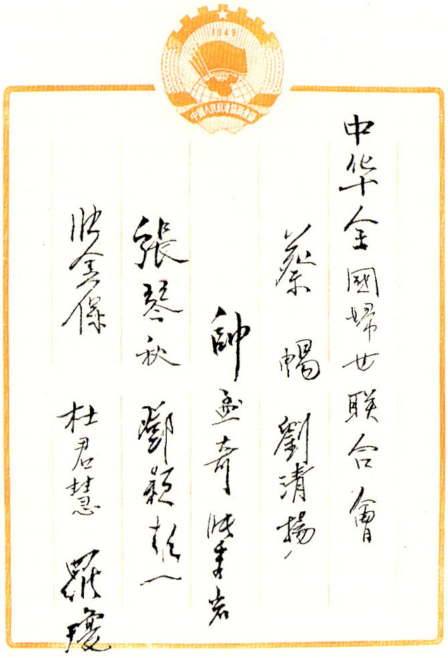

104－①

105－②

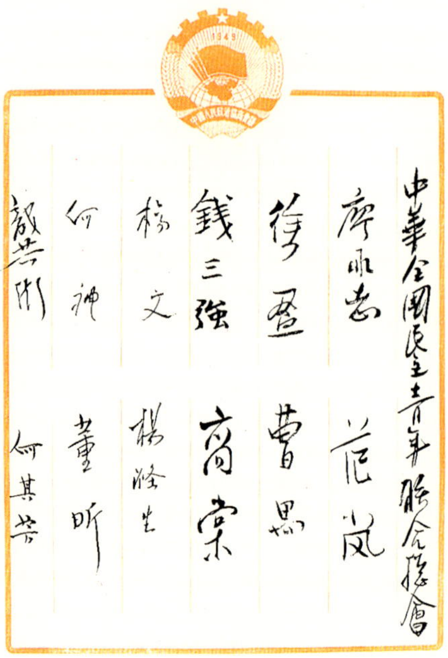

105－①

104　中华全国民主妇女联合会代表签名。

105　中华全国民主青年联合总会代表签名。

106　中华全国学生联合会代表签名。

107　全国工商界代表签名。

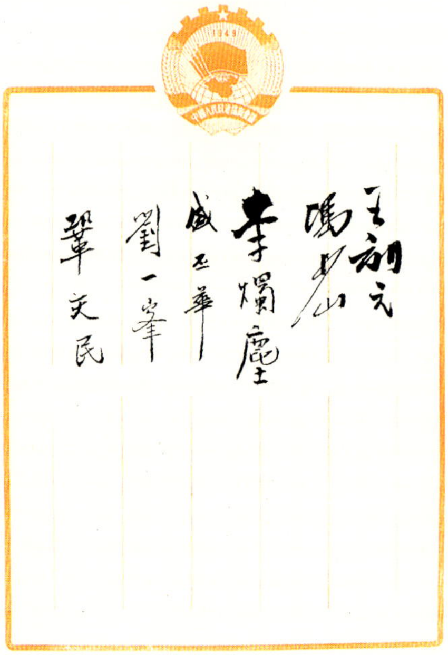

107－②

107－①

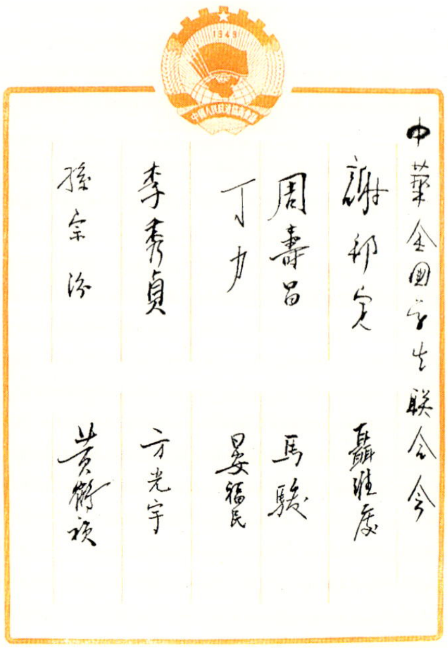

106

108　上海各人民团体代表签名。

109　中华全国文学艺术界联合会代表签名。

110　中华全国第一次自然科学工作者代表大会筹备委员会代表签名。

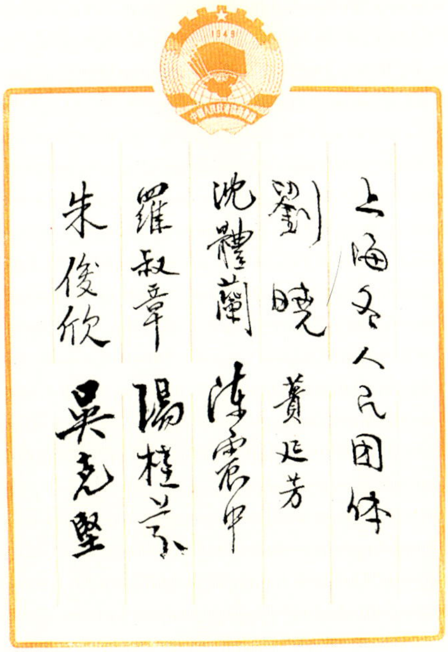

108－①

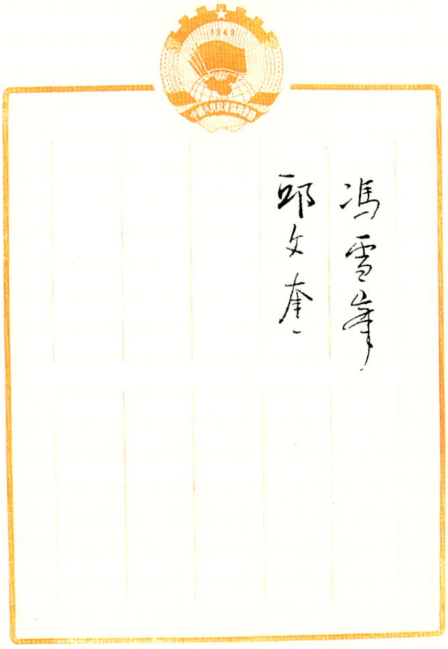

108－②

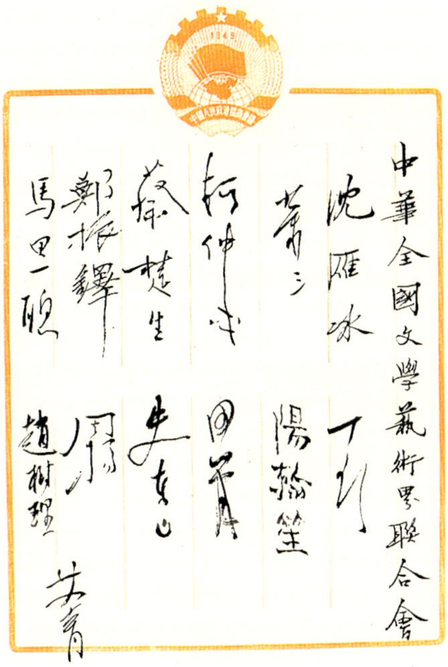

109－①

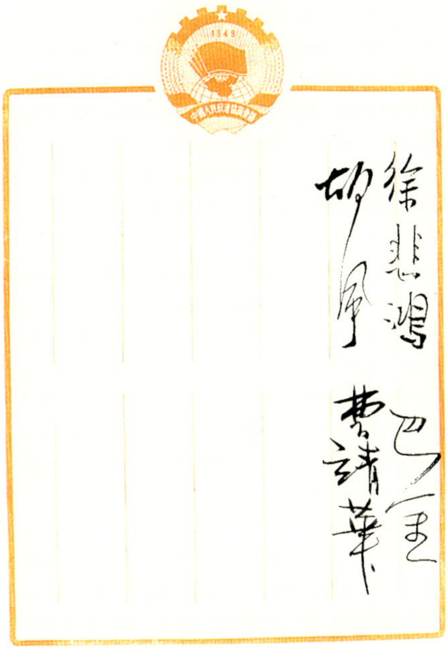

109－②

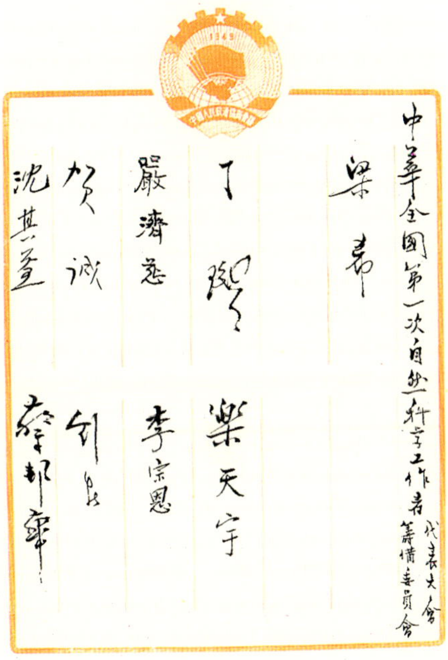

110－①

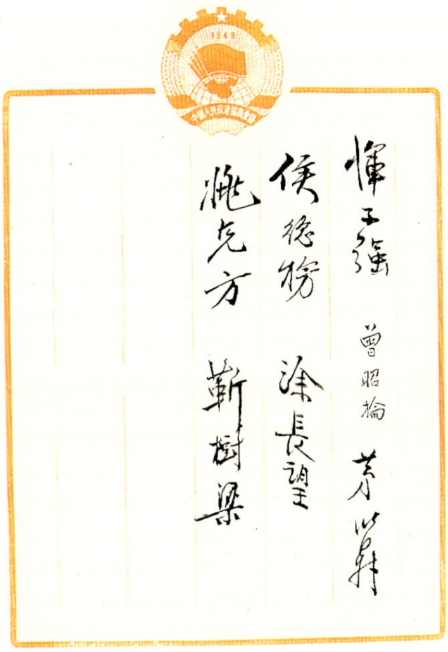

110－②

111　中华全国教育工作者代表会议筹备委员会代表签名。

112　中华全国社会科学工作者代表会议筹备会代表签名。

113　中华全国新闻工作者协会筹备会代表签名。

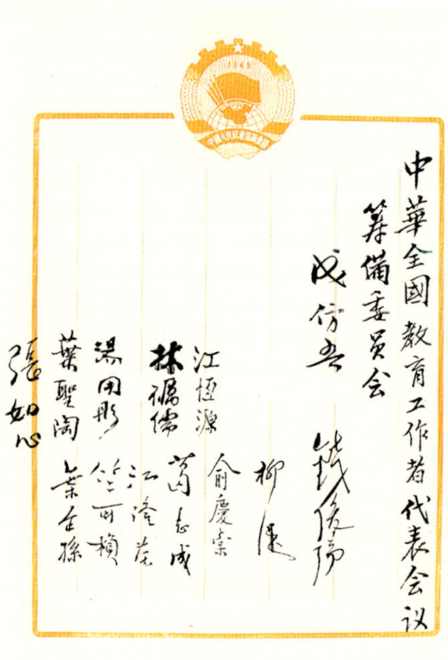

111－①

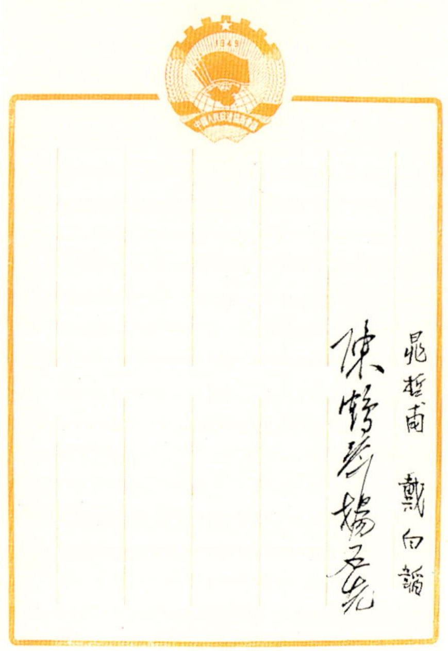

111－②

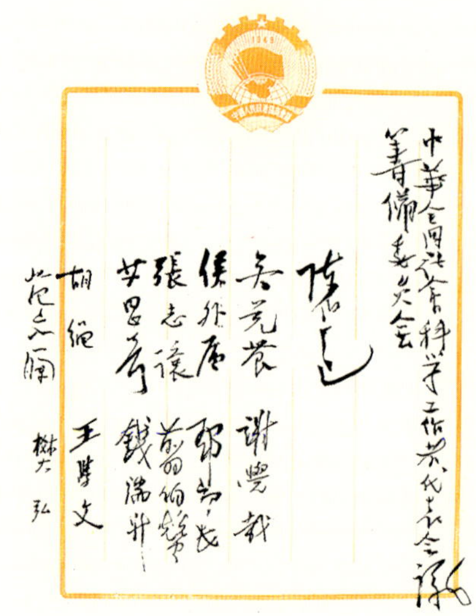

112－①

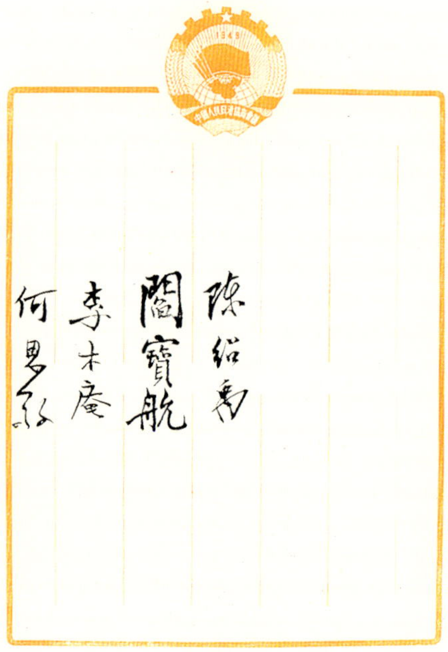

112－②

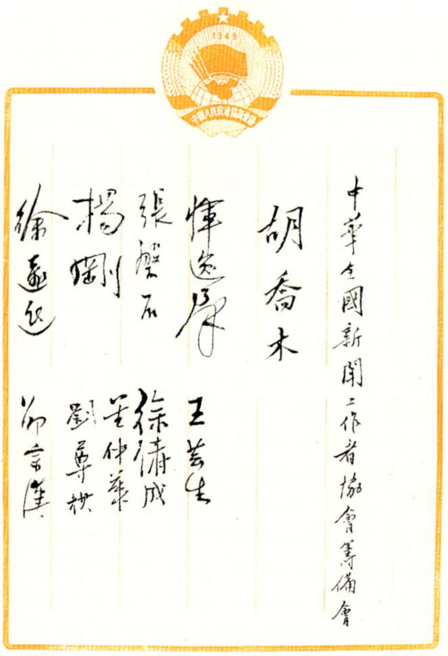

113－①

113－②

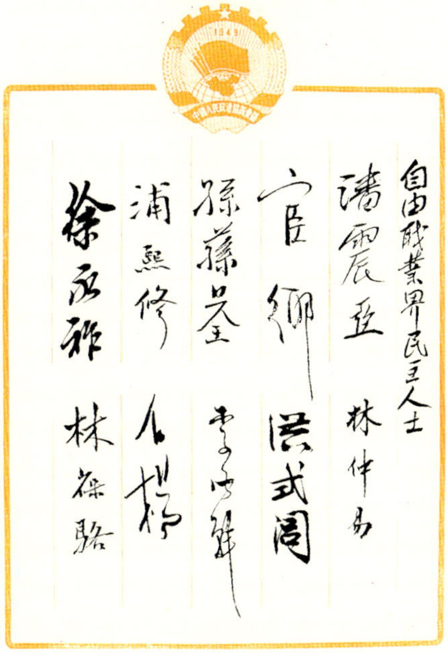

114－①

114－②

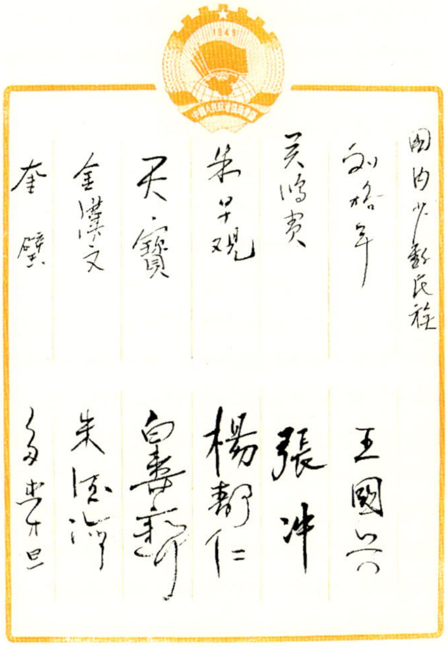

115

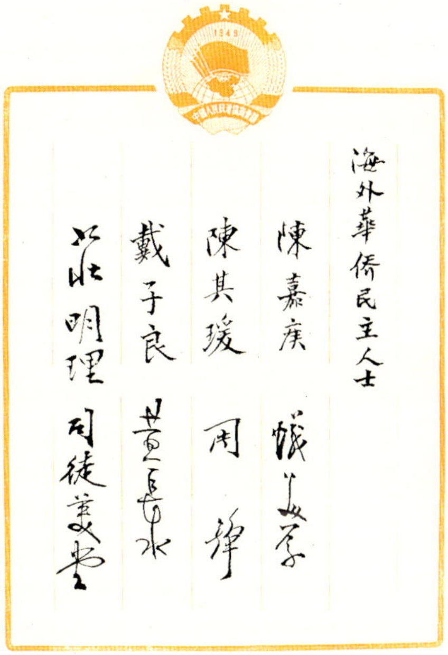

116－①

116－②

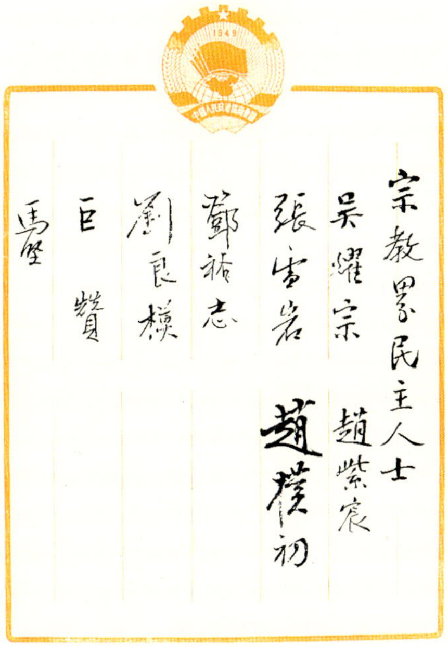

117

114　自由职业民主人士代表签名。

115　国内少数民族代表签名。

116　国外华侨民主人士代表签名。

117　宗教界民主人士代表签名。

118　特别邀请人士代表签名。

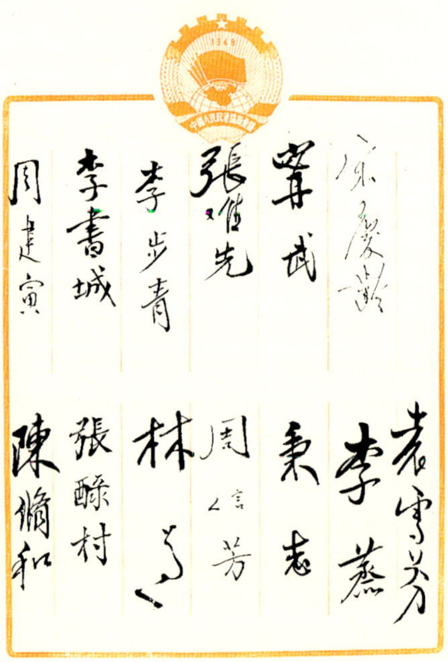

118－①

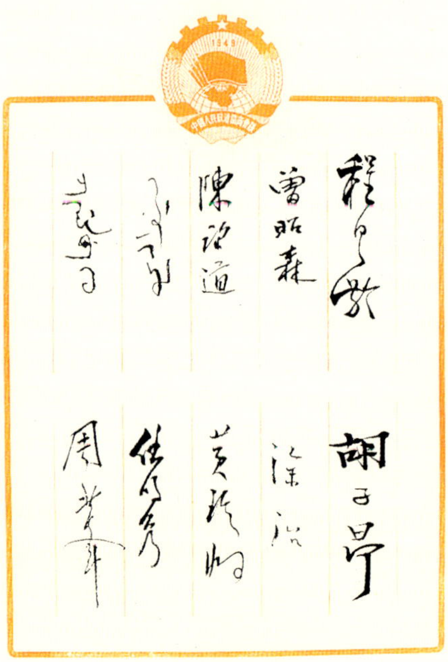

118－②

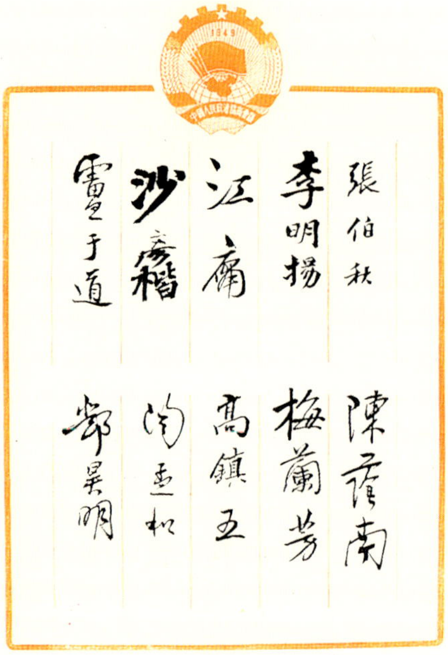

118－③

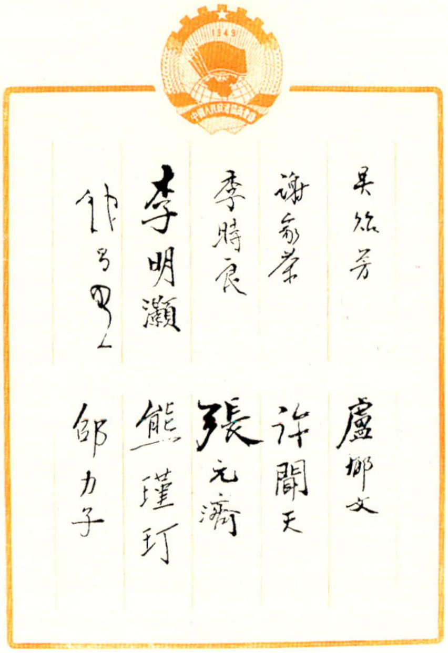

118－④

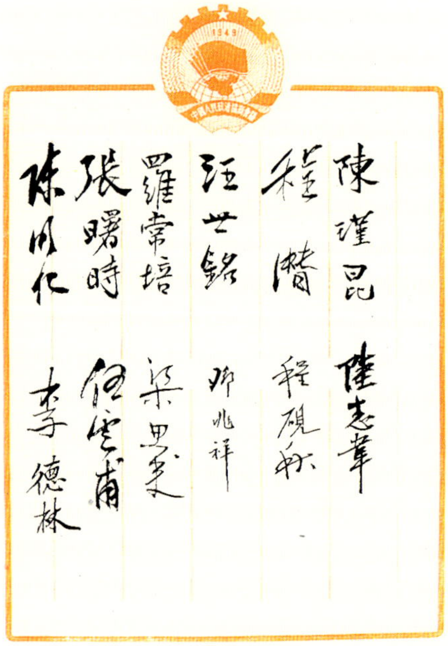

118－⑤

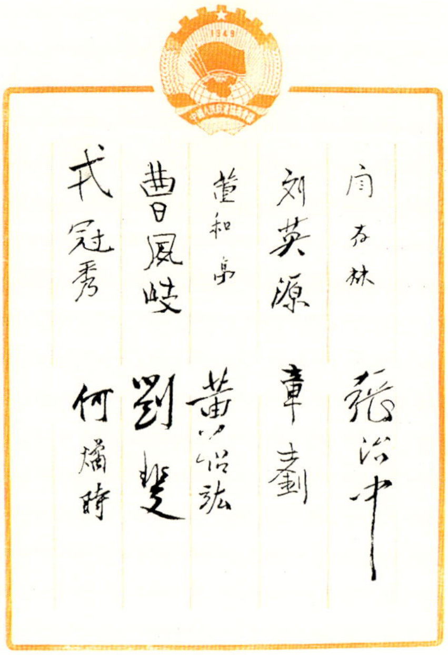

118－⑥

118－⑦

119

119　1949年9月21日晚7时，中国人民政治协商会议第一届全体会议隆重开幕。周恩来副主任代表新政治协商会议筹备会提请大会通过大会主席团名单和秘书长人选。

120

120　大会主席团就位。

121　执行主席朱德主持大会。

121

122

123

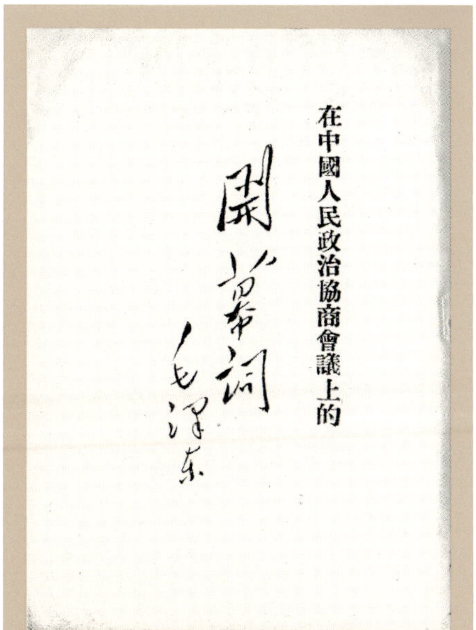

在中國人民政治協商會議上的

開幕詞

毛澤东

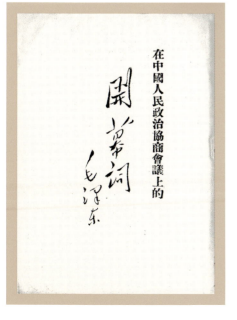

122 新政治协商会议筹备会主任、中共中央主席毛泽东致开幕词。他指出，这次会议是“全国人民大团结的会议”，并庄严宣告:“占人类总数四分之一的中国人从此站立起来了”。

123 《开幕词》文本。

124

124　中国共产党代表刘少奇讲话。

125
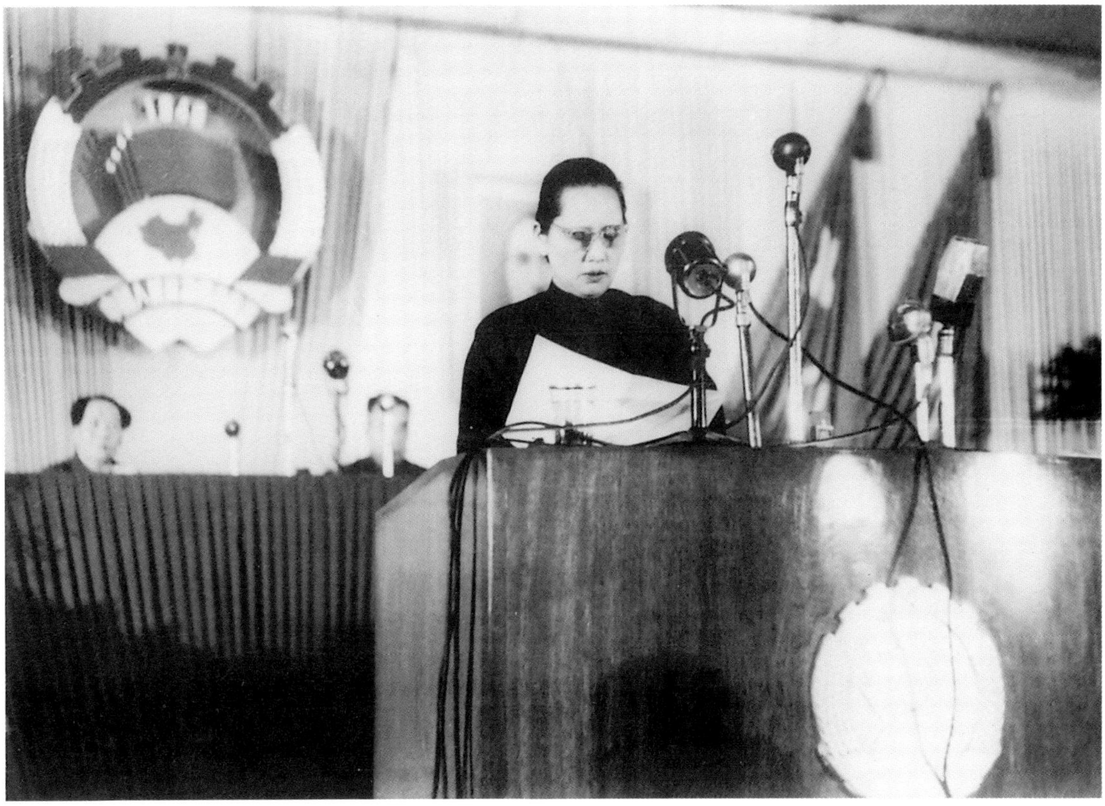

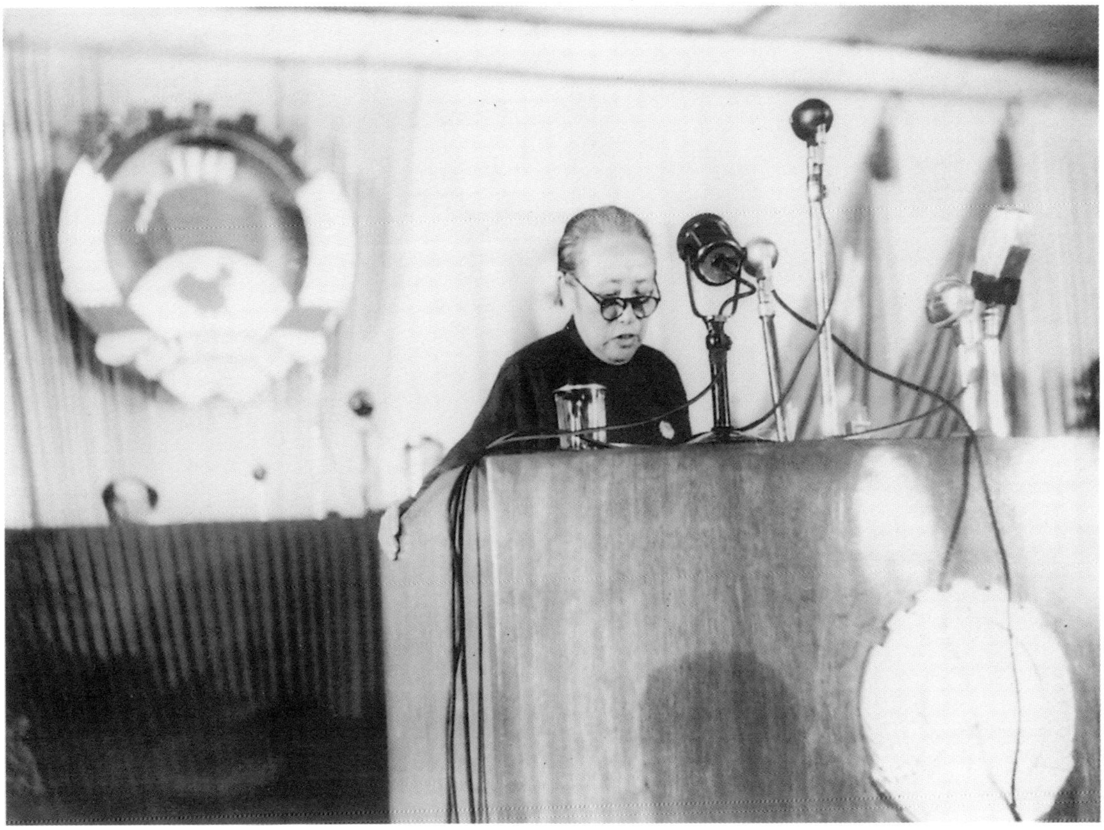
126

125　特别邀请代表宋庆龄讲话。

126　中国国民党革命委员会代表何香凝讲话。

127

128

127 中国民主同盟代表张澜讲话。

128 解放区代表高岗讲话。

129

130

131

129　中国人民解放军代表陈毅讲话。

130　民主建国会代表黄炎培讲话。

131　中华全国总工会代表李立三讲话。

132

133

134

135

132　特别邀请代表赛福鼎讲话。

133　特别邀请代表张治中讲话。

134　特别邀请代表程潜讲话。

135　国外华侨民主人士代表司徒美堂讲话。

136　1949 年 9 月 22 日，大会听取主席团的报告，通过主席团提议设立六个分组委员会。图为新政治协商会议筹备会代理秘书长林伯渠报告筹备工作经过。

137　9 月 22 日，新政治协商会议筹备会第二小组组长谭平山报告《中国人民政治协商会议组织法》起草经过。

138　9 月 22 日，新政治协商会议筹备会第四小组组长董必武报告《中华人民共和国中央人民政府组织法》起草经过及基本内容。

136

137

138

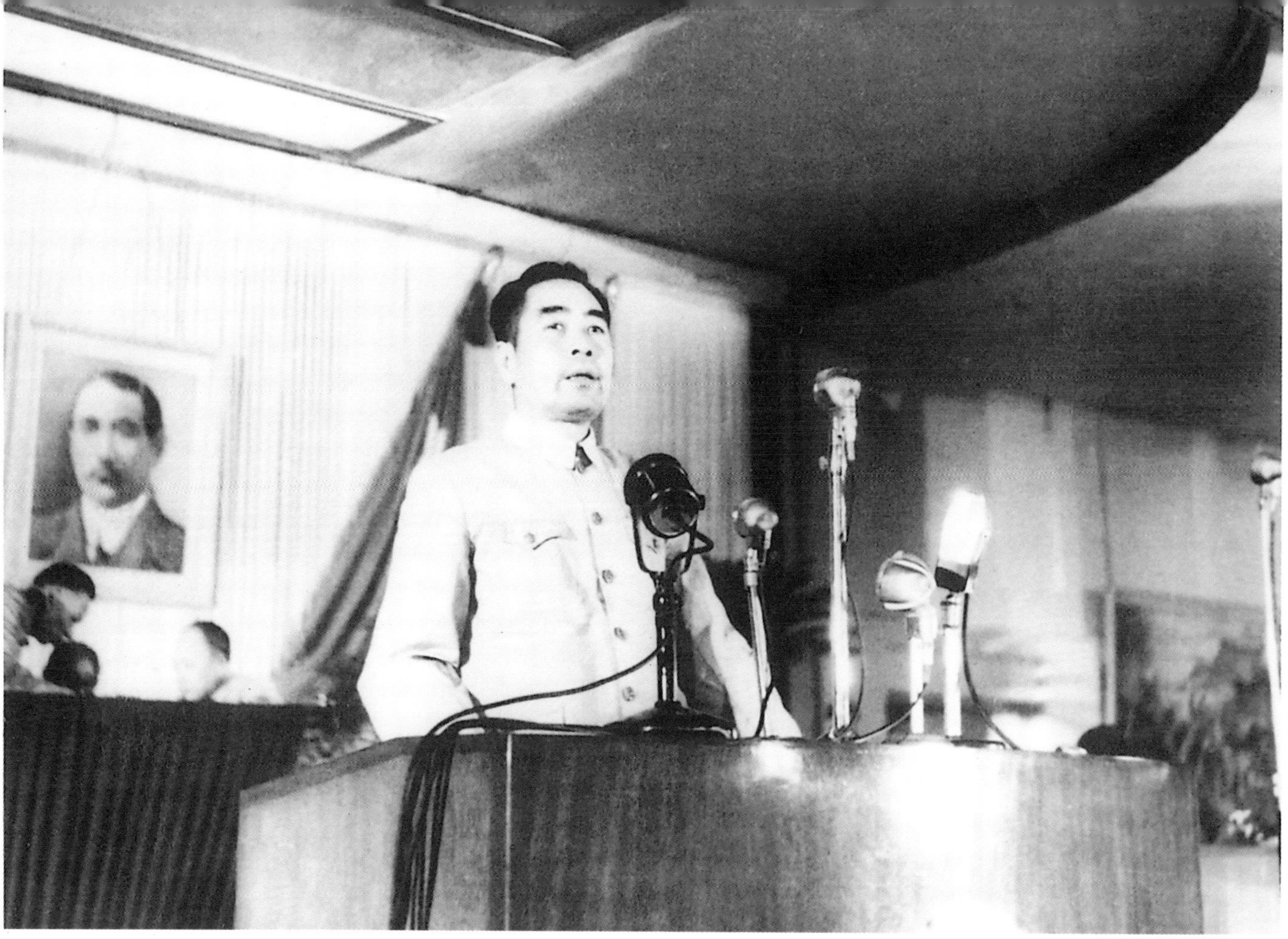

139

139 9月22日，新政治协商会议筹备会副主任、第三小组组长周恩来作《关于草拟中国人民政治协商会议共同纲领的经过及其特点的报告》。

140 中国国民党革命委员会首席代表李济深发言。

140

141

141　特别邀请代表傅作义发言。

142　中华全国民主青年联合总会首席代表廖承志发言。

143　三民主义同志联合会代表陈铭枢发言。

142

143

144

145

144　全国工商界首席代表陈叔通发言。

145　中国国民党民主促进会首席代表蔡廷锴发言。

146 台湾民主自治同盟首席代表谢雪红发言。

147 中国民主同盟代表沈钧儒发言。

148 国外华侨民主人士首席代表陈嘉庚发言，右为庄明理。

146

147

148

149

151

150

149 中国农工民主党首席代表彭泽民发言。

150 中国人民救国会代表沙千里发言。

151 中国致公党首席代表陈其尤发言。

152 中华全国民主妇女联合会代表邓颖超发言。

153 九三学社首席代表许德珩发言。

154 国内少数民族首席代表刘格平发言。

153

152

154

155

156

157

155　中国民主促进会首席代表马叙伦发言。

156　宗教界民主人士首席代表吴耀宗发言。

157　中国人民解放军总部代表张学思发言。

158

158　中国人民政治协商会议第一届全体会议代行全国人民代表大会职权，一致通过了具有临时宪法性质的《中国人民政治协商会议共同纲领》以及《中国人民政治协商会议组织法》和《中华人民共和国中央人民政府组织法》。

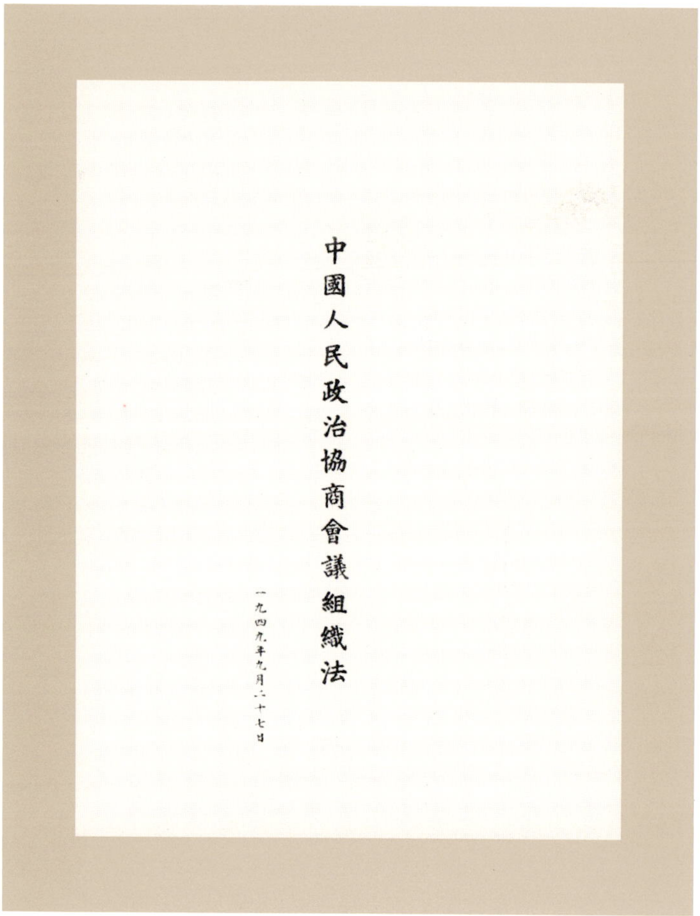
中國人民政治協商會議組織法

一九四九年九月二十七日

159

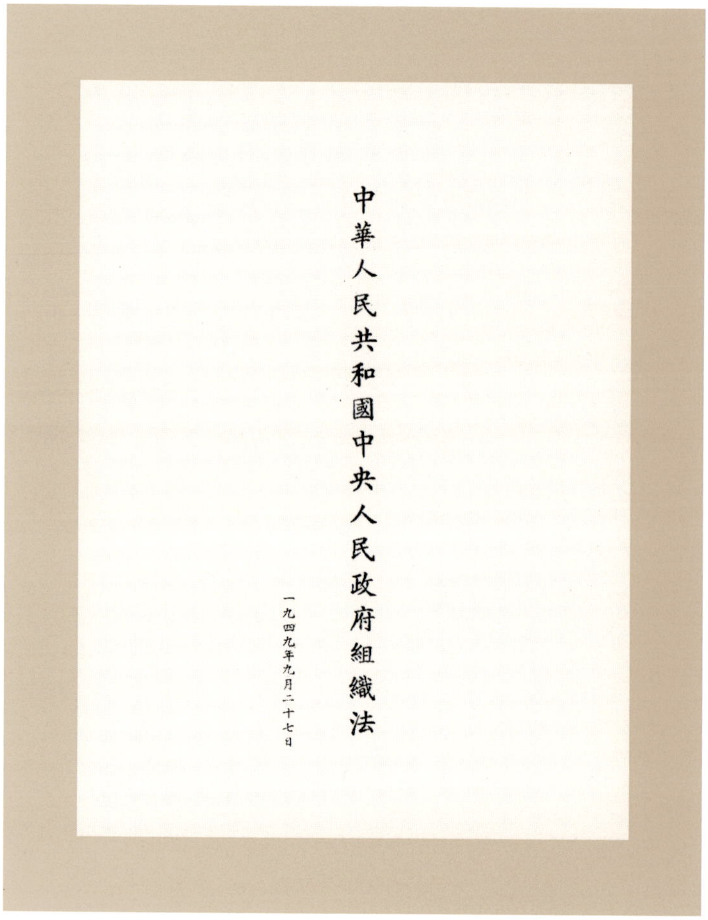
中華人民共和國中央人民政府組織法

一九四九年九月二十七日

160

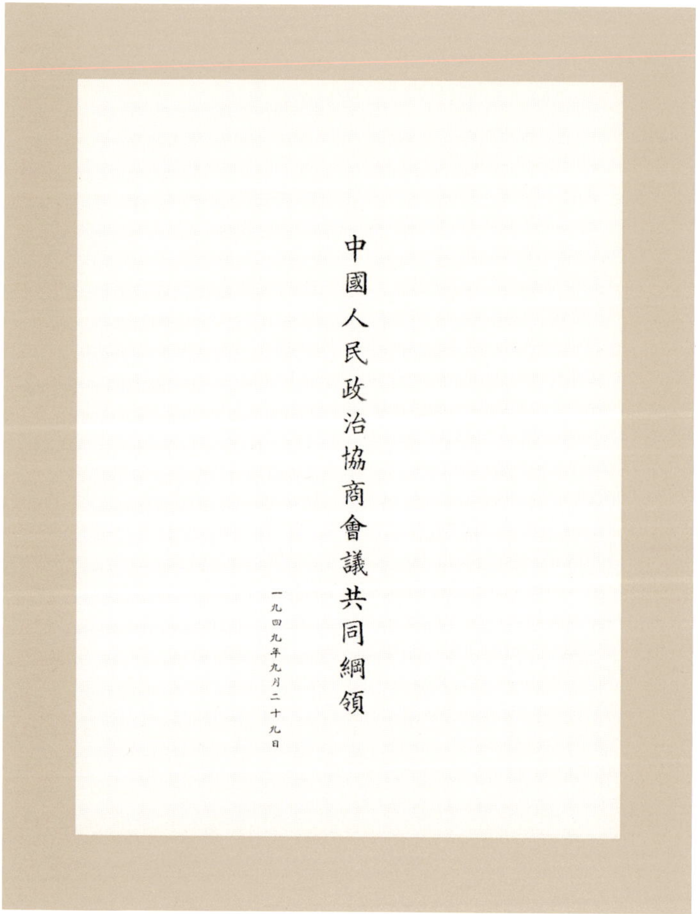
中國人民政治協商會議共同綱領

一九四九年九月二十九日

161

159 1949 年 9 月 27 日，中国人民政治协商会议第一届全体会议通过的《中国人民政治协商会议组织法》。

160 1949 年 9 月 27 日，中国人民政治协商会议第一届全体会议通过的《中华人民共和国中央人民政府组织法》。

161 1949 年 9 月 29 日，中国人民政治协商会议第一届全体会议通过的《中国人民政治协商会议共同纲领》。其中规定：“中国人民政治协商会议为人民民主统一战线的组织形式”。“在普选的全国人民代表大会召开以前，由中国人民政治协商会议的全体会议执行全国人民代表大会的职权”。

162　1949 年 9 月 27 日，中国人民政治协商会议第一届全体会议一致通过关于国都、纪年、国歌、国旗的四个决议：中华人民共和国的国都定于北平，自即日起将北平改名为北京；采用公元纪年；在国歌正式制定前，以《义勇军进行曲》为代国歌；国旗为五星红旗，象征全国人民在共产党领导下的大团结。图为提交会议讨论的四个决议草案。

163　大会讨论议案时，代表们踊跃发表意见，图为徐特立代表即席发言。

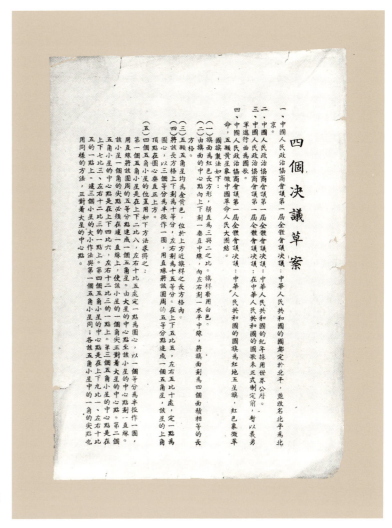

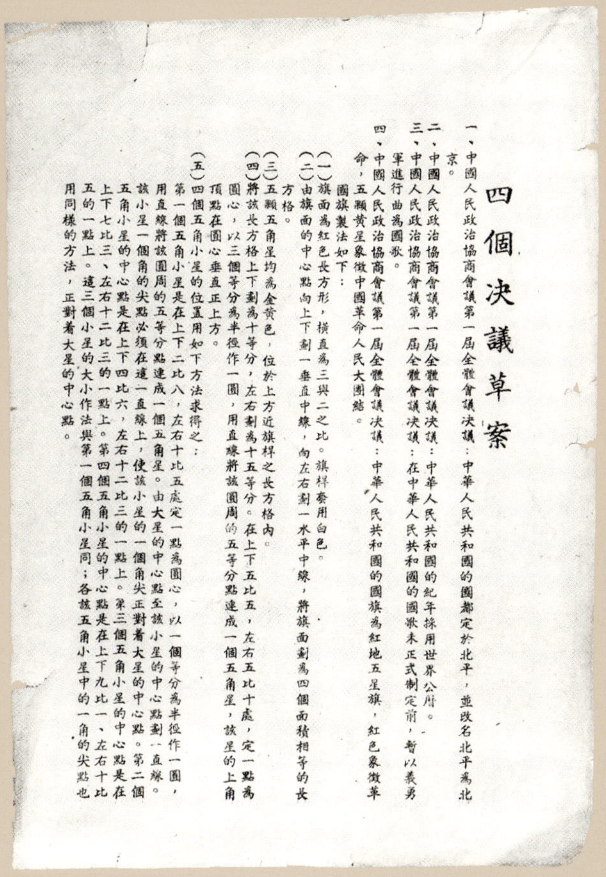

四個決議草案

一、中國人民政治協商會議第一屆全體會議決議：中華人民共和國的國都定於北平，並改名北平為北京。

二、中國人民政治協商會議第一屆全體會議決議：中華人民共和國的紀年採用世界公曆。

三、中國人民政治協商會議第一屆全體會議決議：在中華人民共和國的國歌未正式制定前，暫以義勇軍進行曲為國歌。

四、中國人民政治協商會議第一屆全體會議決議：中華人民共和國的國旗為紅地五星旗，紅色象徵革命，五顆黃星象徵中國革命人民大團結。

國旗製法如下：

(一)旗面為紅色長方形，橫直為三與二之比。旗桿套用白色。

(二)由旗面的中心點向上下劃一垂直中線，向左右劃一水平中線，將旗面劃為四個面積相等的長方格。

(三)五顆五角星均為金黃色，位於上方近旗桿之長方格內。

(四)將該長方格上下劃為十等分，左右劃為十五等分。在上下五比五，左右五比十處，定一點為圓心，以三個等分為半徑作一圓，用直線將該圓周的五等分點連成一個五角星，該星的上角頂點在圓心垂直正上方。

(五)四個五角小星的位置用如下方法求得之：

第一個五角小星是在上下二比八，左右十比五處定一點為圓心，以一個等分為半徑作一圓，用直線將該圓周的五等分點連成一個五角星。由大星的中心點至該小星的中心點劃一直線。該小星一個角的尖點必須在這一直線上，使該小星的一個角尖正對着大星的中心點。第二個五角小星的中心點是在上下四比六，左右十二比三的一點上。第三個五角小星的中心點是在上下七比三、左右十二比三的一點上。第四個五角小星的中心點是在上下九比一、左右十比五的一點上。這三個小星的大小作法與第一個五角小星同；各該五角小星中的一角的尖點也用同樣的方法，正對着大星的中心點。

162

163

164

164　由于中国人民政治协商会议第一届全体会议的代表们对国徽应征图稿都不满意，大会主席团决定在会后继续邀请专家设计国徽图案。1950 年 9 月 20 日，中央人民政府主席毛泽东发布命令公布了中华人民共和国国徽图案。图为会议代表们在研究国徽方案。

165　会议期间，部分女代表合影留念。一排左起：何香凝、宋庆龄、邓颖超、史良；二排左起：罗叔章、蔡畅、丁玲；三排左起：李德全、许广平、张晓梅、曾宪植。

165

166

166　会议休息时，毛泽东、郭沫若、洪深一起讨论大会宣言。

167

167　1949 年 9 月 30 日，会议通过《中国人民政治协商会议第一届全体会议宣言》。图为郭沫若报告宣言起草经过。

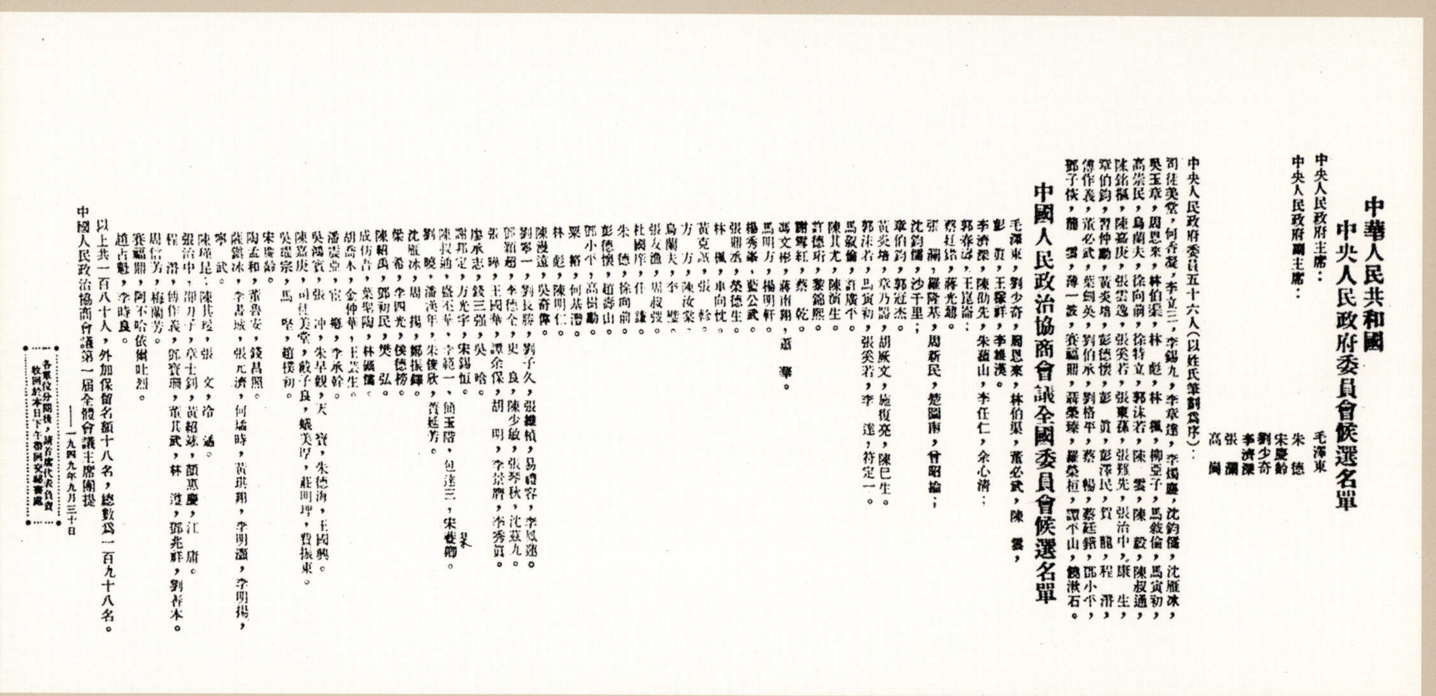

中華人民共和國
中央人民政府委員會候選名單

中央人民政府主席：毛澤東

中央人民政府副主席：朱　德　劉少奇　宋慶齡　李濟深　張　瀾　高　崗

中央人民政府委員五十六人（以姓氏筆劃爲序）：

司徒美堂，何香凝，李立三，李錫九，李章達，李燭塵，沈鈞儒，沈雁冰，吳玉章，周恩來，林伯渠，林　彪，柳亞子，馬敍倫，馬寅初，高崇民，烏蘭夫，徐向前，徐特立，郭沫若，陳　雲，陳　毅，陳叔通，陳銘樞，陳嘉庚，張雲逸，張奚若，張東蓀，張難先，張治中，康　生，章伯鈞，習仲勳，黃炎培，彭德懷，彭　眞，彭澤民，賀　龍，程　潛，傅作義，董必武，葉劍英，劉伯承，劉格平，蔡　暢，蔡廷鍇，鄧小平，鄧子恢，龍　雲，薄一波，賽福鼎，聶榮臻，羅榮桓，譚平山，饒漱石。

中國人民政治協商會議全國委員會候選名單

毛澤東，劉少奇，周恩來，林伯渠，董必武，陳　雲，彭　眞，王稼祥，李維漢。

李濟深，陳劭先，朱蘊山，李任仁，余心清；郭春濤，王崑崙；蔡廷鍇，蔣光鼐。

張　瀾，羅隆基，周新民，楚圖南，曾昭掄；沈鈞儒，沙千里；章伯鈞，郭冠杰。

黃炎培，章乃器，胡厥文，施復亮，陳巳生。

郭沫若，馬寅初，張奚若，李　達，符定一。

馬敍倫，許廣平。

陳其尤，陳演生。

許德珩，黎錦熙。

謝雪紅，蔡　乾。

馮文彬，蔣南翔，蕭　華。

馬明方，楊明軒。

楊秀峰，藍公武。

張鼎丞，榮德生。

林　楓，車向忱。

黃克誠，張　軫。

方　方，陳汝棠。

烏蘭夫，奎　璧。

張友漁，周叔弢。

杜國庠，任　謙。

朱　德，徐向前。

彭德懷，趙壽山。

鄧小平，高樹勳。

粟　裕，何基灃。

林　彪，陳明仁。

陳漫遠，吳奇偉。

劉寧一，劉長勝，劉子久，張維楨，易禮容，李鳳蓮。

鄧穎超，李德全，史　良，陳少敏，張琴秋，沈茲九。

張　琳，王國華，譚余保，胡　明，李景膺，李秀眞。

廖承志，錢三強，吳　晗。

謝邦定，方光宇，宋錫恆。

陳叔通，盛丕華，李範一，簡玉階，包達三，宋棐卿。

劉　曉，潘漢年，朱俠欣，黃延芳。

沈雁冰，周　揚，鄭振鐸。

梁　希，李四光，侯德榜。

陳紹禹，鄧初民，樊　弘。

成仿吾，葉聖陶，林礪儒。

胡喬木，金仲華，王芸生。

潘震亞，宦　鄉，李承幹。

吳鴻賓，張　冲，朱早觀，天　寶，朱德海，王國興。

陳嘉庚，司徒美堂，戴子良，蟻美厚，莊明理，費振東。

吳耀宗，馬　堅，趙樸初。

宋慶齡。

陶孟和，董魯安，錢昌照。

薩鎮冰，李書城，張元濟，何遂時，黃琪翔，李明灝，李明揚，寧　武。

陳瑾昆：陳其瑗，張　文，冷　遹。

張治中，邵力子，章士釗，黃紹竑，顏惠慶，江　庸。

程　潛，傅作義，鄧寶珊，董其武，林　遵，鄧兆祥，劉善本。

周信芳，梅蘭芳。

賽福鼎，阿不哈依爾吐烈。

趙占魁，李時良。

以上共一百八十人，外加保留名額十八名，總數爲一百九十八名。

中國人民政治協商會議第一屆全體會議主席團提

——一九四九年九月三十日

各單位分開後，請召集代表負責收回於本日下午帶回交秘書處

168

169

168　1949年9月30日，中国人民政治协商会议第一届全体会议选举产生了中华人民共和国中央人民政府委员会，选出毛泽东为主席，朱德、刘少奇、宋庆龄、李济深、张澜、高岗为副主席，陈毅等五十六人为委员；选举产生了中国人民政治协商会议第一届全国委员会，选出委员一百八十人。这是中华人民共和国中央人民政府委员会和中国人民政治协商会议全国委员会候选人名单。

169　中国人民政治协商会议第一届全体会议选举中华人民共和国中央人民政府主席、副主席及委员时用的投票箱。

170

170　朱德在投票。

171　宋庆龄在投票。

171

172

172　戎冠秀在投票。

173

173　特邀新疆代表阿里木江（左）在投票。

174

174　1949 年 9 月 30 日下午，在中国人民政治协商会议第一届全体会议上，当宣布毛泽东当选中华人民共和国中央人民政府主席时，全场起立鼓掌欢呼。

175

175　中华人民共和国中央人民政府主席、副主席和部分委员合影(宋庆龄未到)。前排左起：林伯渠、司徒美堂、李济深、朱德、毛泽东、张澜、刘少奇、何香凝、高岗；二排左起：陈铭枢、陈嘉庚、李锡九、董必武、沈钧儒、彭泽民、黄炎培、马叙伦、沈雁冰、高崇民、陈叔通、张难先；三排左起：谭平山、张治中、程潜、李烛尘、郭沫若、吴玉章、李立三、章伯钧、张东荪、徐特立、蔡廷锴；四排左起：邓小平、陈毅、张云逸、周恩来、赛福鼎、马寅初、陈云、彭真；五排左起：刘格平、刘伯承、薄一波、贺龙、聂荣臻、张奚若、傅作义、乌兰夫。

176

177

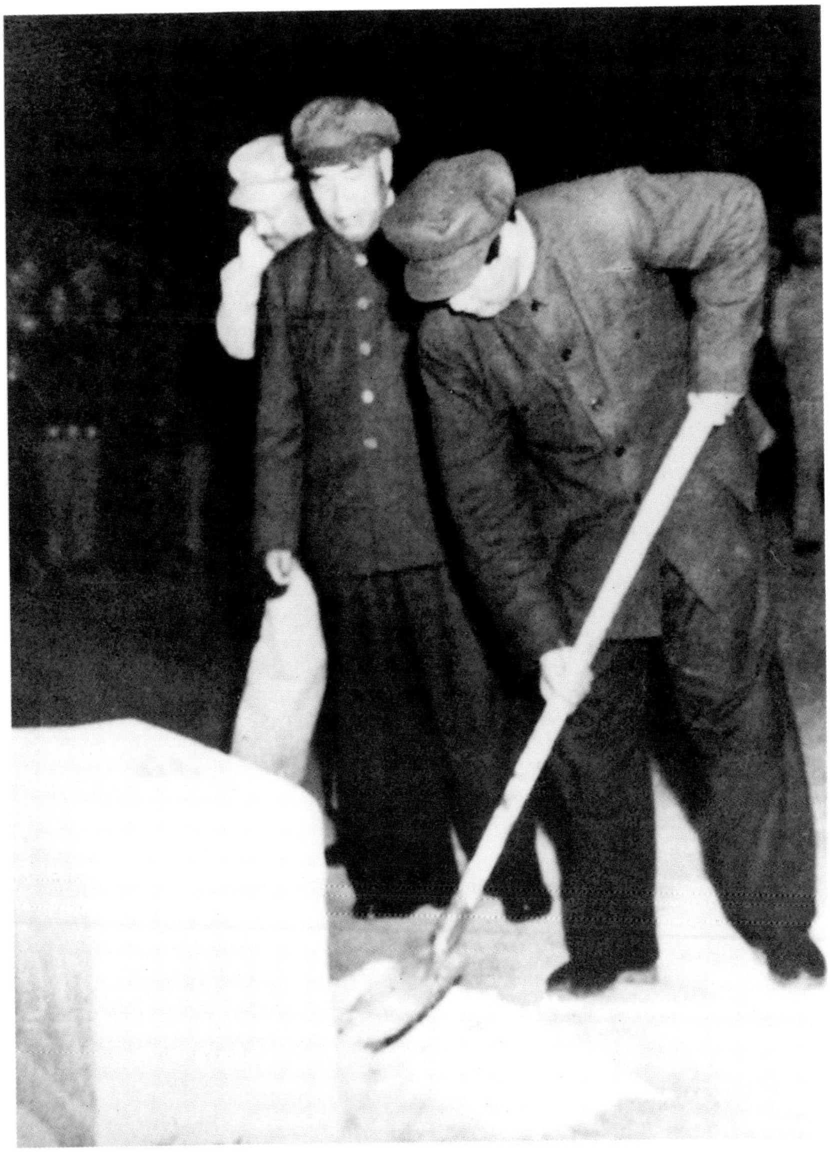

176　9月30日，中国人民政治协商会议第一届全体会议决议，在首都北京天安门外建立人民英雄纪念碑，并通过毛泽东起草的碑文。下午6时，全体代表在天安门广场举行人民英雄纪念碑奠基典礼。图为周恩来在典礼上代表主席团致词。

177　毛泽东和参加中国人民政治协商会议第一届全体会议的各单位首席代表一一执锹铲土，为人民英雄纪念碑奠基。

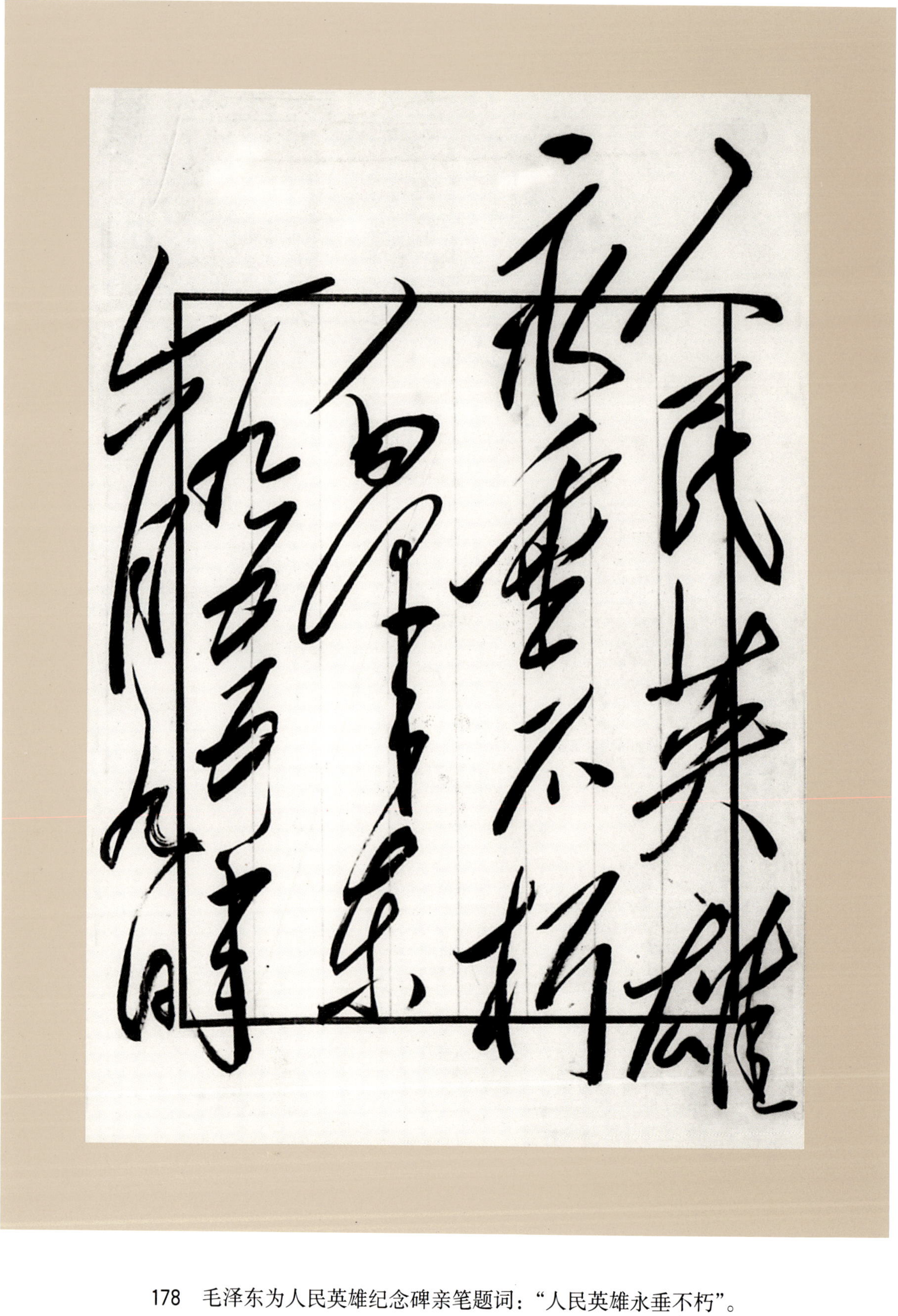

178　毛泽东为人民英雄纪念碑亲笔题词：“人民英雄永垂不朽”。

179

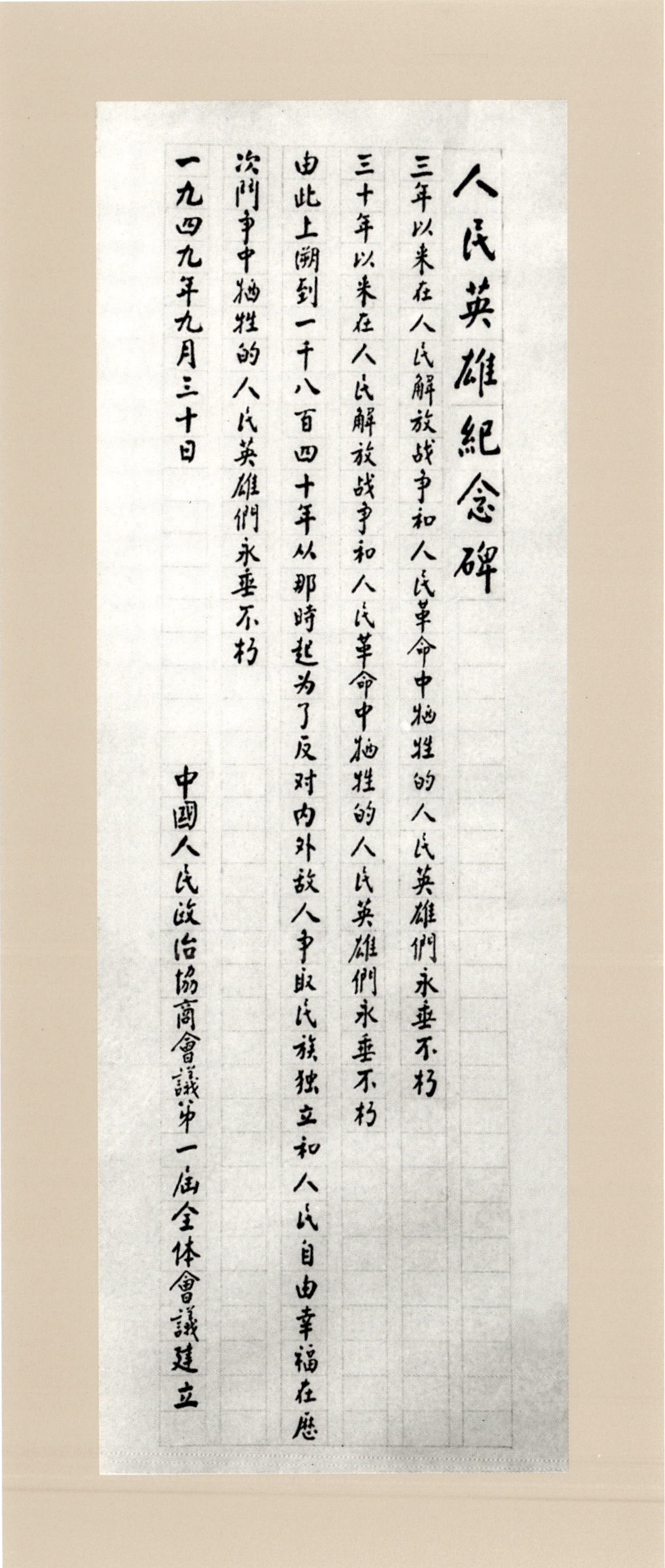
人民英雄紀念碑

三年以来在人民解放战争和人民革命中牺牲的人民英雄們永垂不朽

三十年以来在人民解放战争和人民革命中牺牲的人民英雄們永垂不朽

由此上溯到一千八百四十年从那時起为了反对内外敌人争取民族独立和人民自由幸福在歷
次鬥争中牺牲的人民英雄們永垂不朽

一九四九年九月三十日

中國人民政治協商會議第一屆全体會議建立

179　由毛泽东起草、周恩来书写的人民英雄纪念碑碑文。

180

180　人民英雄纪念碑于1952年8月1日动工，1958年5月1日正式落成。图为矗立在天安门广场的人民英雄纪念碑。

181

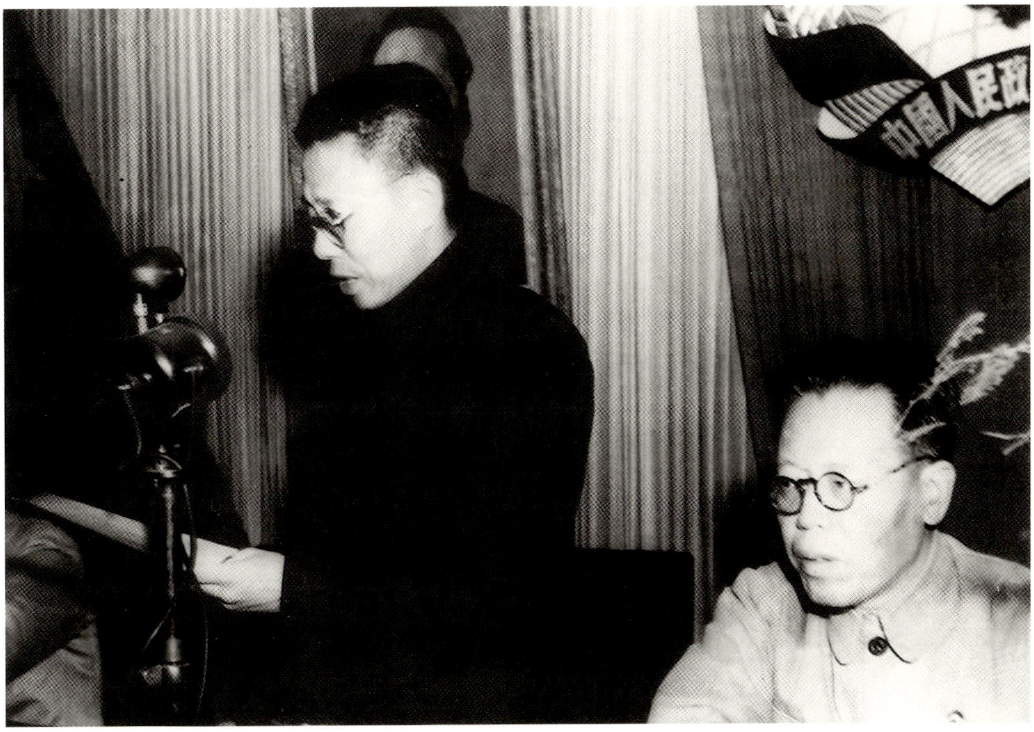

182

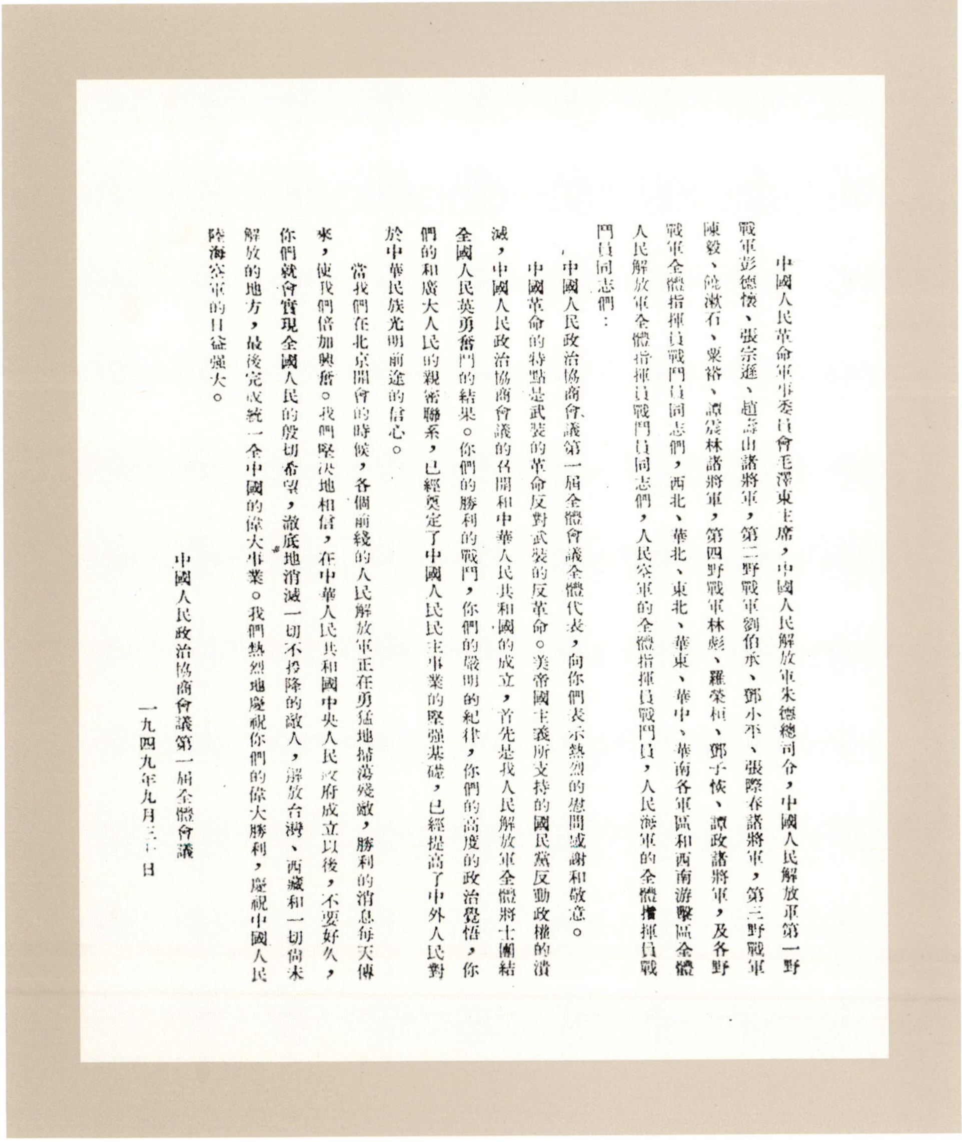

中國人民革命軍事委員會毛澤東主席，中國人民解放軍朱德總司令，中國人民解放軍第一野戰軍彭德懷、張宗遜、趙壽山諸將軍，第二野戰軍劉伯承、鄧小平、張際春諸將軍，第三野戰軍陳毅、饒漱石、粟裕、譚震林諸將軍，第四野戰軍林彪、羅榮桓、鄧子恢、譚政諸將軍，及各野戰軍全體指揮員戰鬥員同志們，西北、華北、東北、華東、華中、華南各軍區和西南游擊區全體人民解放軍全體指揮員戰鬥員同志們，人民空軍的全體指揮員戰鬥員，人民海軍的全體指揮員戰鬥員同志們：

中國人民政治協商會議第一屆全體會議全體代表，向你們表示熱烈的慰問感謝和敬意。

中國革命的特點是武裝的革命反對武裝的反革命。美帝國主義所支持的國民黨反動政權的潰滅，中國人民政治協商會議的召開和中華人民共和國的成立，首先是我人民解放軍全體將士團結全國人民英勇奮鬥的結果。你們的勝利的戰鬥，你們的嚴明的紀律，你們的高度的政治覺悟，你們的和廣大人民的親密聯系，已經奠定了中國人民民主事業的堅強基礎，已經提高了中外人民對於中華民族光明前途的信心。

當我們在北京開會的時候，各個前綫的人民解放軍正在勇猛地掃蕩殘敵，勝利的消息每天傳來，使我們倍加興奮。我們堅決地相信，在中華人民共和國中央人民政府成立以後，不要好久，你們就會實現全國人民的殷切希望，澈底地消滅一切不投降的敵人，解放台灣、西藏和一切尚未解放的地方，最後完成統一全中國的偉大事業。我們熱烈地慶祝你們的偉大勝利，慶祝中國人民陸海空軍的日益强大。

中國人民政治協商會議第一屆全體會議

一九四九年九月三十日

181　1949年9月30日，中国人民政治协商会议第一届全体会议宣读并通过致中国人民解放军慰问电。

182　中国人民政治协商会议第一届全体会议致中国人民解放军慰问电电文。

183

183　1949年9月30日晚，中国人民政治协商会议第一届全体会议在《义勇军进行曲》和掌声中胜利闭幕。图为当选的中央人民政府主席、副主席在大会闭幕式主席台上。左起：刘少奇、朱德、毛泽东、宋庆龄、李济深、张澜、高岗。

184　朱德致闭幕词。

184

185

186

187

185　中国人民政治协商会议第一届全体会议期间，各界群众纷纷向大会和毛泽东主席、朱德总司令献旗、献花、献礼。图为新疆人民向大会献旗，向毛泽东主席献维吾尔族衣帽。

186　中华全国总工会向大会献旗。

187　西北回族人民向毛泽东主席、朱德总司令献旗。

188

188　内蒙古人民向毛泽东主席、朱德总司令献花。

189　国外华侨向毛泽东主席、朱德总司令献花、献旗。

190　北平市民主妇联筹委会向毛泽东主席、朱德总司令及全体代表献花。

189

190

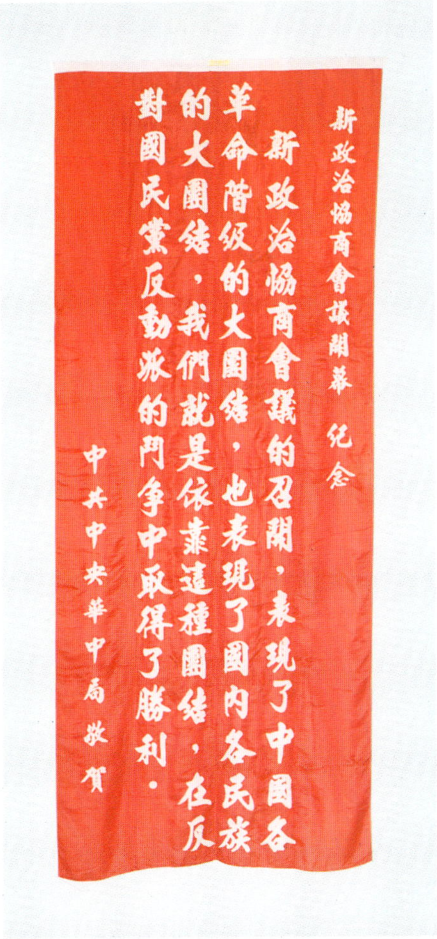

191

192

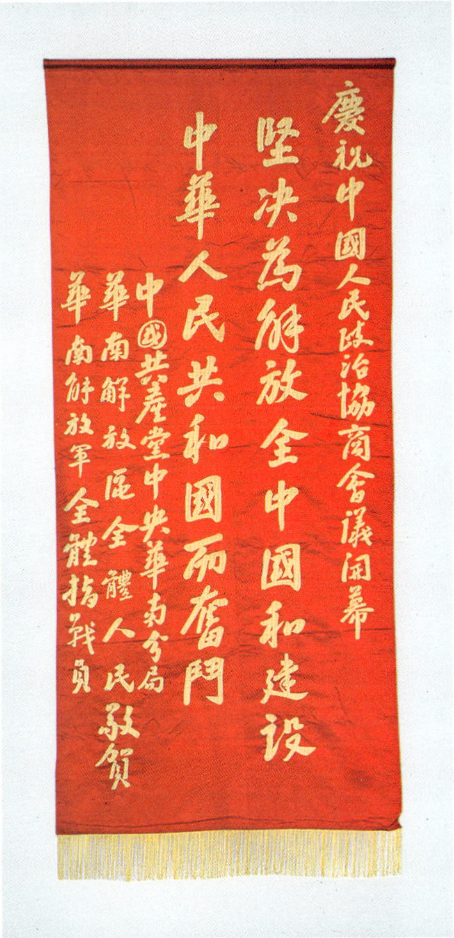

193

194

191 中国人民政治协商会议第一届全体会议期间，全国各党派、各团体、人民解放军敬献了锦旗。图为中共中央华中局敬献的锦旗。

192 中共中央华东局、中国人民解放军华东军区敬献的锦旗。

193 中共中央华南局、华南解放区人民、华南解放军指战员敬献的锦旗。

194 东北人民政府敬献的锦旗。

195

196

197

198

199

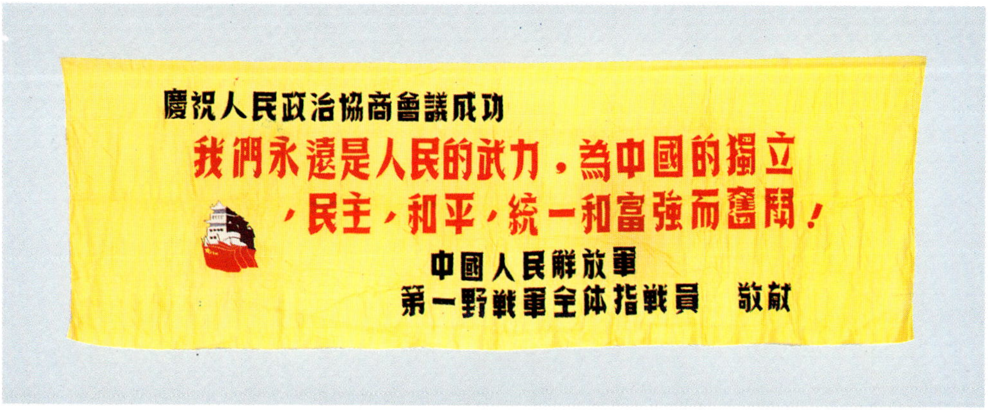
慶祝人民政治協商會議成功
我們永遠是人民的武力，為中國的獨立
，民主，和平，統一和富強而奮鬥！
中國人民解放軍
第一野戰軍全体指戰員　敬献

195　中共中央西北局等敬献的锦旗。

196　华北人民政府敬献的锦旗。

197　中国人民革命军事委员会铁道部等敬献的锦旗。

198　中国人民解放军第二野战军敬献的锦旗。

199　中国人民解放军第一野战军敬献的锦旗。

200

201

202

203

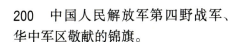

200　中国人民解放军第四野战军、华中军区敬献的锦旗。

201　中国人民解放军第三野战军、华东军区敬献的锦旗。

202　台湾民主自治同盟敬献的锦旗。

203　九三学社北京分社敬献的锦旗。

204

205

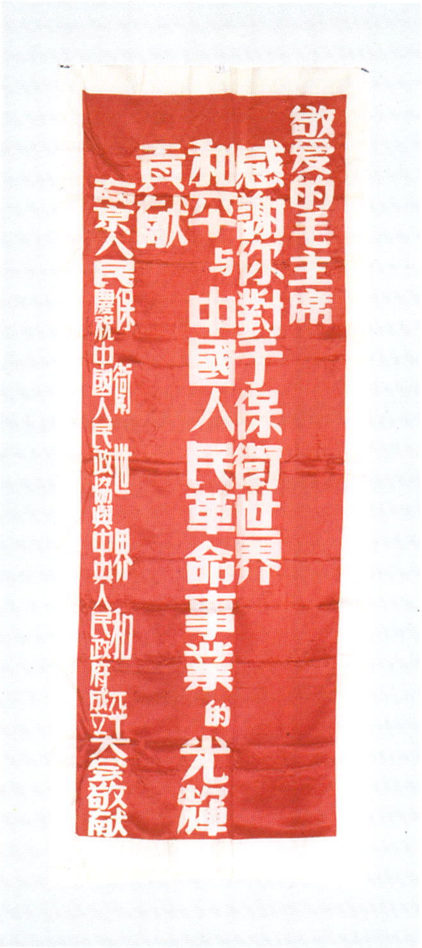

206

207

204 天津市总工会、民主妇女联合会、民主青年联合会筹备委员会敬献的锦旗。

205 北京市中小学教职员联合会、院校教职员联合会敬献的锦旗。

206 南京人民敬献的锦旗。

207 北京市民游行至新华门，庆贺中国人民政治协商会议第一届全体会议圆满成功。

中华人民共和国的诞生

1949年10月1日下午2时，中央人民政府委员会宣布就职并举行第一次会议。会议决议，宣告中华人民共和国中央人民政府成立，接受中国人民政治协商会议共同纲领为政府施政方针。选举林伯渠为中央人民政府委员会秘书长，任命周恩来为中央人民政府政务院总理兼外交部长，毛泽东为中央人民政府人民革命军事委员会主席，朱德为中国人民解放军总司令，沈钧儒为中央人民政府最高人民法院院长，罗荣桓为中央人民政府最高人民检察署检察长。

下午3时，首都北京三十万军民在天安门广场集会，隆重举行开国大典。毛泽东、朱德、刘少奇、宋庆龄、李济深、张澜、高岗、周恩来等党和国家领导人登上天安门城楼。军乐队高奏代国歌《义勇军进行曲》，毛泽东主席向全世界庄严宣告中华人民共和国中央人民政府成立，并亲自按动电钮升起了新中国第一面五星红旗。此时，五十四门礼炮齐鸣二十八响，天安门广场欢声雷动。接着，举行了盛大阅兵式和群众游行。入夜，广场上灯火通明，礼花齐放，人们载歌载舞，沉浸在无比欢乐之中。全国已经解放的各大中城市及海外华侨，举行了热烈的庆祝活动。一些国家领导人、共产党和进步组织纷纷致电，祝贺新中国的诞生。

中国人民经过百余年的浴血奋战，终于在中国共产党领导下取得了反对帝国主义、封建主义和官僚资本主义的人民革命的胜利，结束了长期被压迫被奴役的历史，建立了独立、统一的新中国，揭开了中国历史的新篇章。

1949年10月19日，中央人民政府委员会举行第三次会议，任命董必武、陈云、郭沫若、黄炎培为政务院副总理，李维汉为政务院秘书长，朱德、刘少奇、周恩来、彭德怀、程潜为人民革命军事委员会副主席。同时还任命了政务院下属各委、部、会、院、署、行的负责人。10月21日，政务院成立，中央人民政府正式组成。

中华人民共和国成立后，人民解放军遵照中国共产党中央委员会、中央军事委员会的战略部署，继续追歼国民党残敌，解放了华东、中南、西北、西南等广大地区。1951年5月，西藏和平解放。至此，除台湾、香港、澳门以及一些沿海岛屿外，实现了中国大陆的统一和国内各民族的大团结，中华人民共和国以崭新的姿态屹立在世界的东方。

208

208　1949 年 10 月 1 日下午 2 时，中央人民政府委员会在北京中南海勤政殿举行第一次会议，毛泽东宣布主席、副主席、委员就职，中央人民政府成立。

209

209　中央人民政府委员会第一次会议通过《中华人民共和国中央人民政府公告》。

210　中央人民政府委员会第一次会议一致通过接受中国人民政治协商会议共同纲领为政府施政方针。

210

211

212

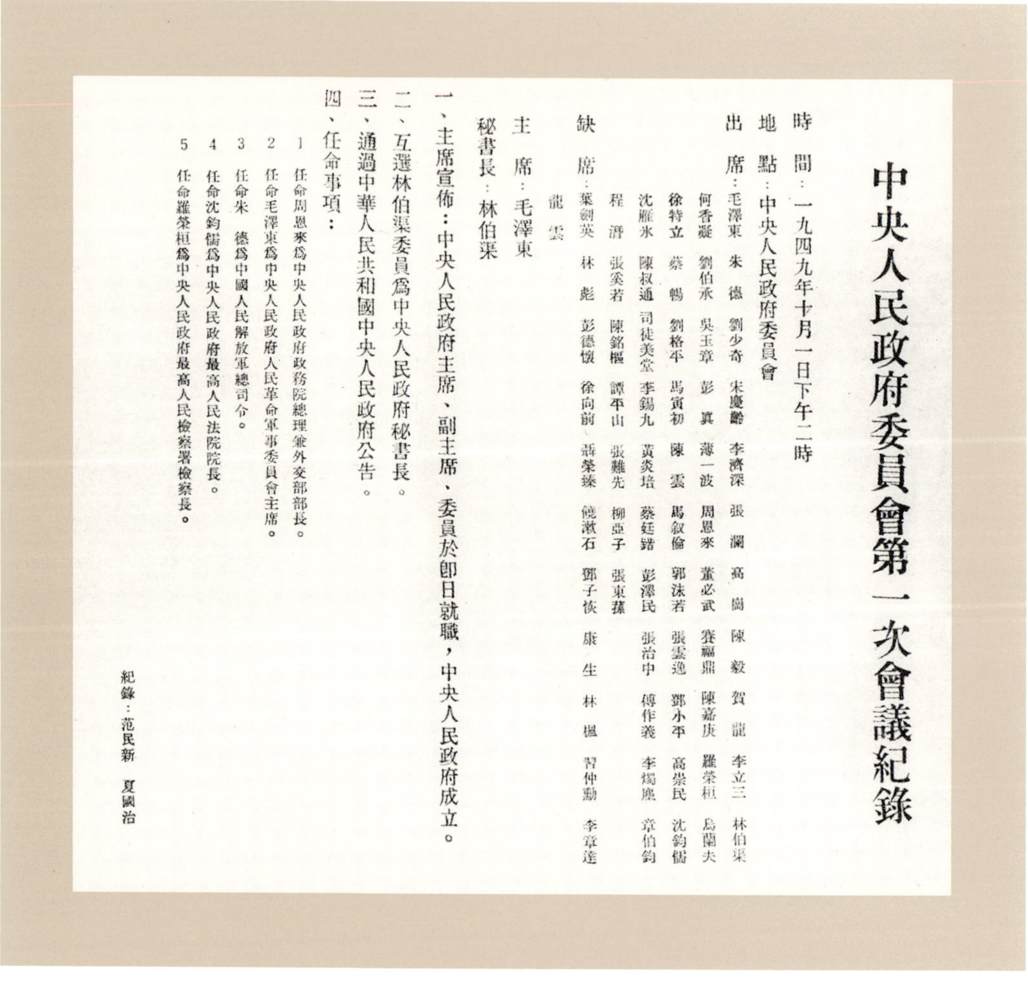

中央人民政府委員會第一次會議紀錄

時　間：一九四九年十月一日下午二時

地　點：中央人民政府委員會

出　席：毛澤東　朱　德　劉少奇　宋慶齡　李濟深　張　瀾　高　崗　陳　毅　賀　龍　李立三　林伯渠
何香凝　劉伯承　吳玉章　彭　眞　薄一波　周恩來　董必武　賽福鼎　陳嘉庚　羅榮桓　烏蘭夫
徐特立　蔡　暢　劉格平　馬寅初　陳　雲　馬叙倫　郭沫若　張雲逸　鄧小平　高崇民　沈鈞儒
沈雁冰　陳叔通　司徒美堂　李錫九　黃炎培　蔡廷鍇　彭澤民　張治中　傅作義　李燭塵　章伯鈞
程　潛　張奚若　陳銘樞　譚平山　張難先　柳亞子　張東蓀

缺　席：葉劍英　林　彪　彭德懷　徐向前　聶榮臻　饒漱石　鄧子恢　康　生　林　楓　習仲勳　李章達
龍　雲

主　席：毛澤東

秘書長：林伯渠

一、主席宣佈：中央人民政府主席、副主席、委員於卽日就職，中央人民政府成立。

二、互選林伯渠委員爲中央人民政府秘書長。

三、通過中華人民共和國中央人民政府公告。

四、任命事項：

1　任命周恩來爲中央人民政府政務院總理兼外交部部長。

2　任命毛澤東爲中央人民政府人民革命軍事委員會主席。

3　任命朱　德爲中國人民解放軍總司令。

4　任命沈鈞儒爲中央人民政府最高人民法院院長。

5　任命羅榮桓爲中央人民政府最高人民檢察署檢察長。

紀錄：范民新　夏國治

211　中央人民政府委员会第一次会议选举林伯渠为中央人民政府委员会秘书长，任命周恩来为中央人民政府政务院总理兼外交部长，毛泽东为中央人民政府人民革命军事委员会主席，朱德为人民解放军总司令，沈钧儒为中央人民政府最高人民法院院长，罗荣桓为中央人民政府最高人民检察署检察长。图为周恩来在会议上讲话。

212　中央人民政府委员会第一次会议记录。

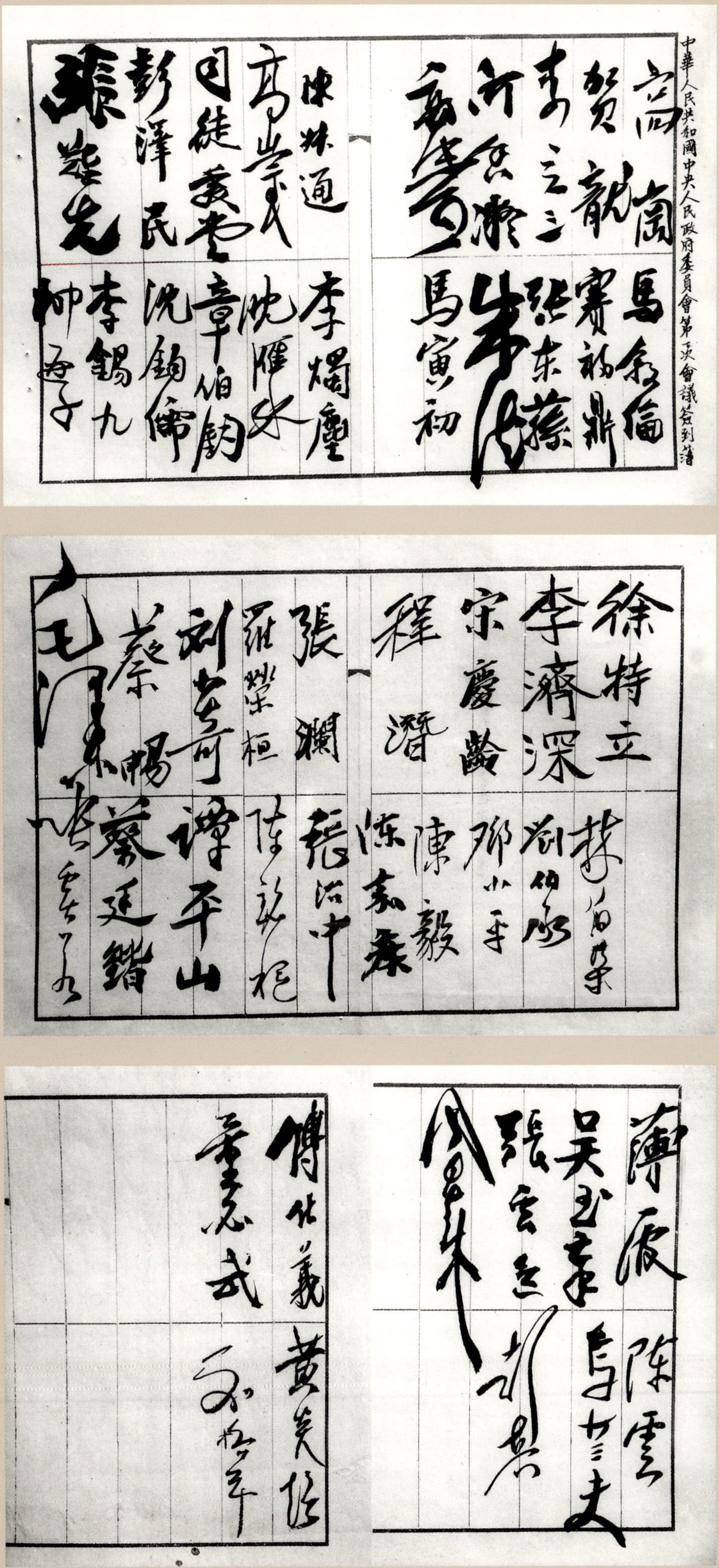

213 中央人民政府委员会第一次会议签到簿。

214 中华人民共和国中央人民政府印章。

214

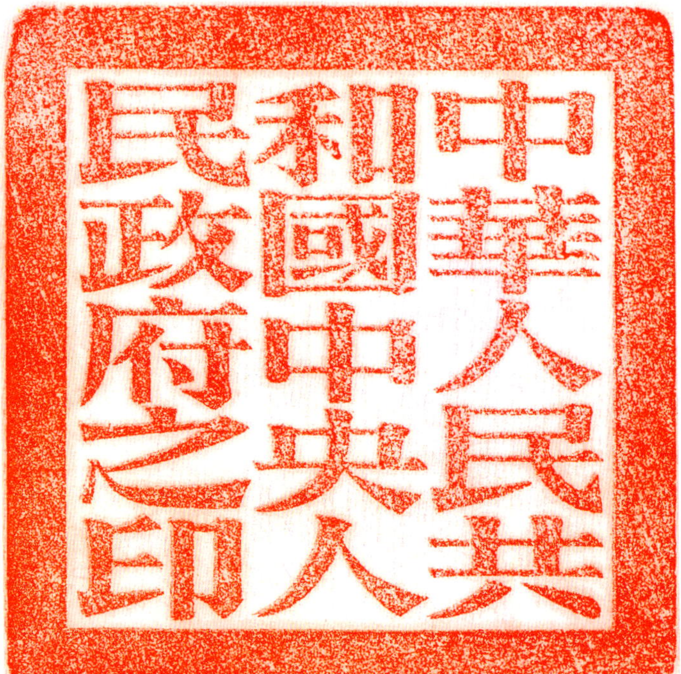

215

216

217

215　悬挂在中南海内的中央人民政府牌匾。

216　中央人民政府委员会证章。

217　中华人民共和国中央人民政府成立纪念章。

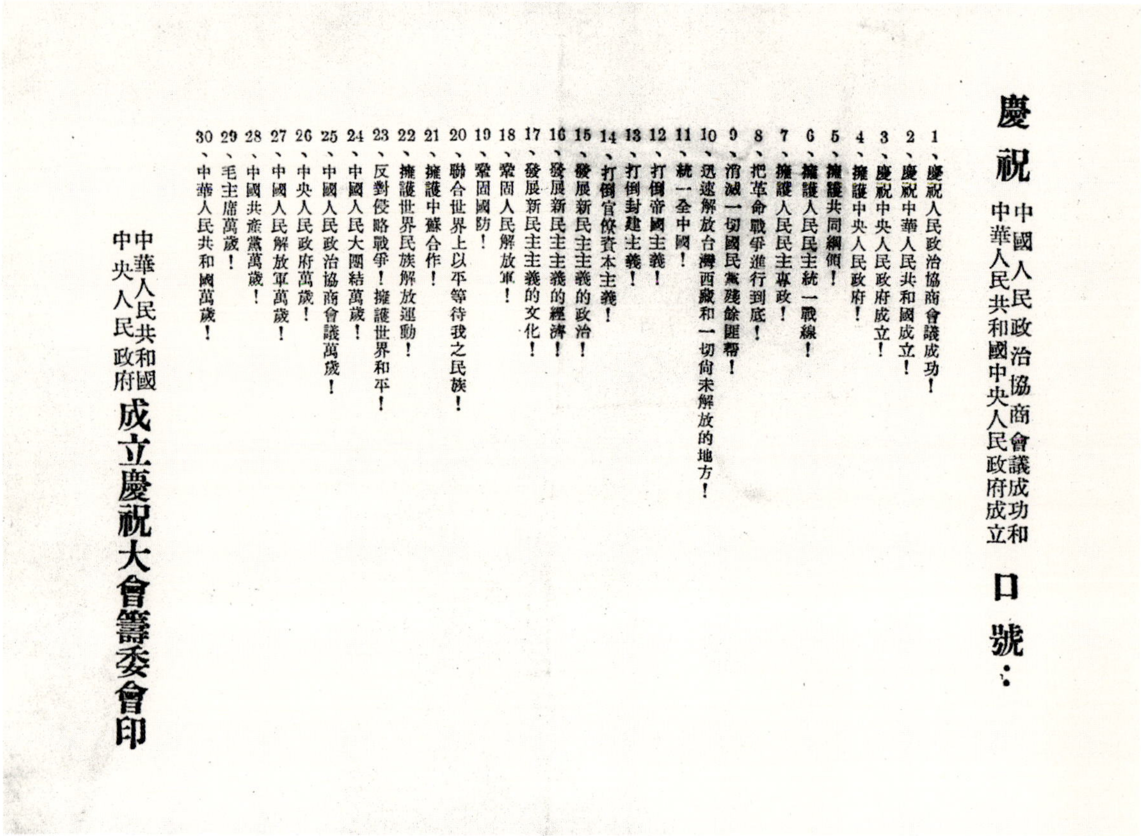

慶祝 中國人民政治協商會議成功和中華人民共和國中央人民政府成立 口號：

1、慶祝人民政治協商會議成功！
2、慶祝中華人民共和國成立！
3、慶祝中央人民政府成立！
4、擁護中央人民政府！
5、擁護共同綱領！
6、擁護人民民主統一戰線！
7、擁護人民民主專政！
8、把革命戰爭進行到底！
9、消滅一切國民黨殘餘匪幫！
10、迅速解放台灣西藏和一切尚未解放的地方！
11、統一全中國！
12、打倒帝國主義！
13、打倒封建主義！
14、打倒官僚資本主義！
15、發展新民主主義的政治！
16、發展新民主主義的經濟！
17、發展新民主主義的文化！
18、鞏固人民解放軍！
19、鞏固國防！
20、聯合世界上以平等待我之民族！
21、擁護中蘇合作！
22、擁護世界民族解放運動！
23、反對侵略戰爭！擁護世界和平！
24、中國人民大團結萬歲！
25、中國人民政治協商會議萬歲！
26、中央人民政府萬歲！
27、中國人民解放軍萬歲！
28、中國共產黨萬歲！
29、毛主席萬歲！
30、中華人民共和國萬歲！

中華人民共和國中央人民政府成立慶祝大會籌委會印

218

219

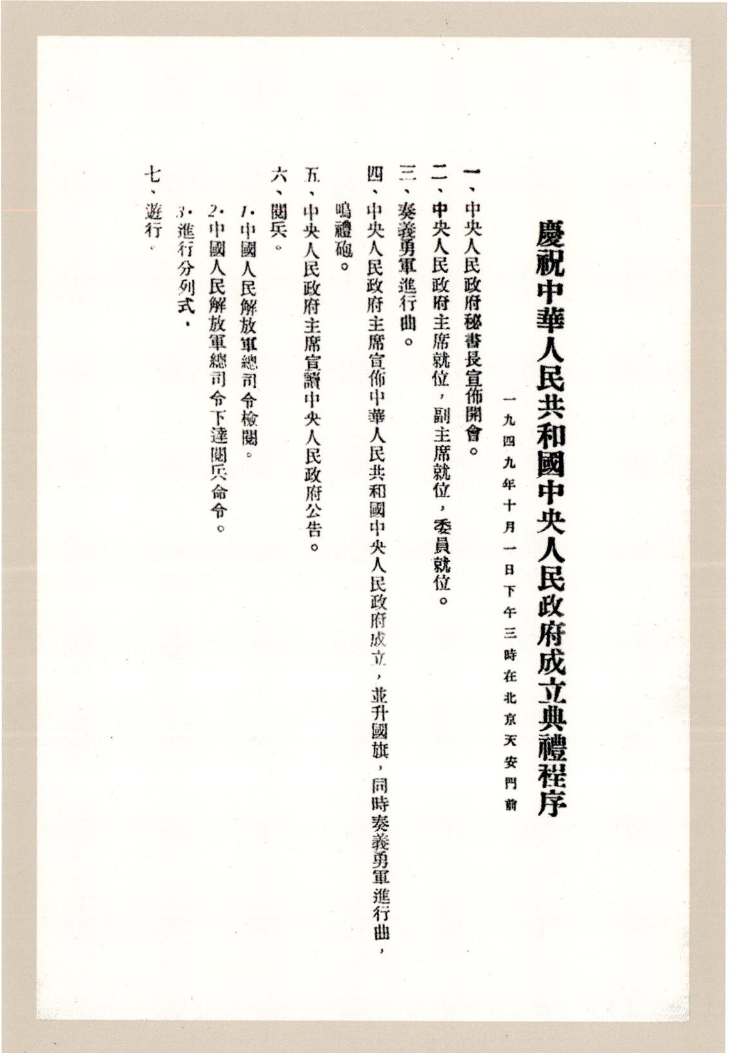

慶祝中華人民共和國中央人民政府成立典禮程序

一九四九年十月一日下午三時在北京天安門前

一、中央人民政府秘書長宣佈開會。
二、中央人民政府主席就位，副主席就位，委員就位。
三、奏義勇軍進行曲。
四、中央人民政府主席宣佈中華人民共和國中央人民政府成立，並升國旗，同時奏義勇軍進行曲，鳴禮砲。
五、中央人民政府主席宣讀中央人民政府公告。
六、閱兵。
1.中國人民解放軍總司令檢閱。
2.中國人民解放軍總司令下達閱兵命令。
3.進行分列式。
七、遊行。

218 庆祝中国人民政治协商会议成功和中华人民共和国中央人民政府成立口号。

219 庆祝中华人民共和国中央人民政府成立典礼程序。

220

221

220－221　1949 年 10 月 1 日，中国人民政治协商会议全体代表与首都各工厂职工、学校师生、各机关人员、市民、近郊农民和城防部队共三十万人在天安门广场隆重举行开国大典。图为毛泽东、朱德、刘少奇、宋庆龄、周恩来等领导人登上天安门城楼。

222　10月1日下午3时，中央人民政府委员会秘书长林伯渠宣布典礼开始。

223　在雄壮的《义勇军进行曲》声中，五十四门礼炮齐鸣二十八响，象征着组成中国人民政治协商会议第一届全体会议的五十四个单位和中国共产党领导全国人民英勇斗争的二十八年。图为军乐队高奏代国歌《义勇军进行曲》。

222

223

224

224 毛泽东主席向全世界庄严宣告：中华人民共和国中央人民政府成立。

225

225　毛泽东主席亲手按动电钮升起的五星红旗在天安门广场上空迎风飘扬。

226

226　毛泽东主席在开国大典时亲自升起的第一面国旗（338厘米×460厘米）。

227

228

227－228　毛泽东主席在天安门城楼上宣读《中华人民共和国中央人民政府公告》。

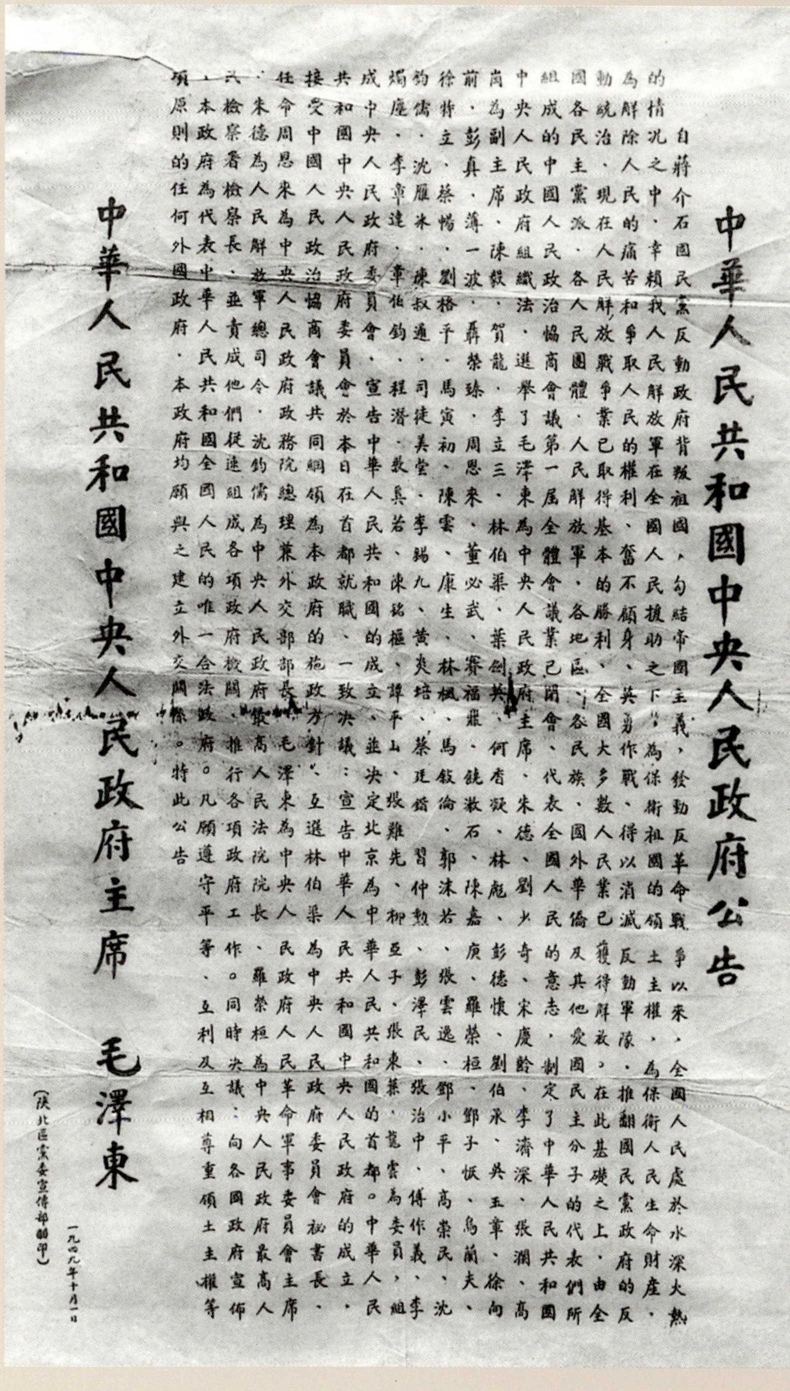

中華人民共和國中央人民政府公告

自蔣介石國民黨反動政府背叛祖國，勾結帝國主義，發動反革命戰爭以來，全國人民處於水深火熱的情況之中。幸賴我人民解放軍在全國人民援助之下，為保衛祖國的領土主權，為保衛人民生命財產，為解除人民的痛苦和爭取人民的權利、奮不顧身、英勇作戰、得以消滅反動軍隊，推翻國民黨政府的反動統治。現在人民解放戰爭業已取得基本的勝利、全國大多數人民業已獲得解放。在此基礎之上，由全國各民主黨派、各人民團體、人民解放軍，各地區、各民族、國外華僑及其他愛國民主分子的代表們所組成的中國人民政治協商會議第一屆全體會議業已閉會、代表全國人民的意志，制定了中華人民共和國中央人民政府組織法，選舉了毛澤東為中央人民政府主席，朱德、劉少奇、宋慶齡、李濟深、張瀾、高崗為副主席，陳毅、賀龍、李立三、林伯渠、葉劍英、何香凝、林彪、彭德懷、劉伯承、吳玉章、徐向前、彭真、薄一波、聶榮臻、周恩來、董必武、賽福鼎、饒漱石、陳嘉庚、羅榮桓、鄧子恢、烏蘭夫、徐特立、蔡暢、劉格平、馬寅初、陳雲、康生、林楓、馬敘倫、郭沫若、張雲逸、鄧小平、高崇民、沈鈞儒、沈雁冰、陳叔通、司徒美堂、李錫九、黃炎培、蔡廷鍇、習仲勳、彭澤民、張治中、傅作義、李燭塵、李章達、章伯鈞、程潛、張奚若、陳銘樞、譚平山、張難先、柳亞子、張東蓀、龍雲為委員，組成中央人民政府委員會，宣告中華人民共和國的成立、並決定北京為中華人民共和國的首都。中華人民共和國中央人民政府委員會於本日在首都就職、一致決議：宣告中華人民共和國中央人民政府的成立，接受中國人民政治協商會議共同綱領為本政府的施政方針、互選林伯渠為中央人民政府委員會秘書長、任命周恩來為中央人民政府政務院總理兼外交部部長，毛澤東為中央人民政府人民革命軍事委員會主席，朱德為人民解放軍總司令，沈鈞儒為中央人民政府最高人民法院院長、羅榮桓為中央人民政府最高人民檢察署檢察長，並責成他們從速組成各項政府機關，推行各項政府工作。同時決議：向各國政府宣佈，本政府為代表中華人民共和國全國人民的唯一合法政府。凡願遵守平等、互利及互相尊重領土主權等項原則的任何外國政府，本政府均願與之建立外交關係。特此公告。

中華人民共和國中央人民政府主席　毛澤東

一九四九年十月一日

（陝北區黨委宣傳部翻印）

229

229　《中华人民共和国中央人民政府公告》指出："本政府为代表中华人民共和国全国人民的唯一合法政府 。凡愿遵守平等、互利及互相尊重领土主权等项原则的任何外国政府，本政府均愿与之建立外交关系。"这是当时陕北区党委宣传部翻印的《中华人民共和国中央人民政府公告》。

230

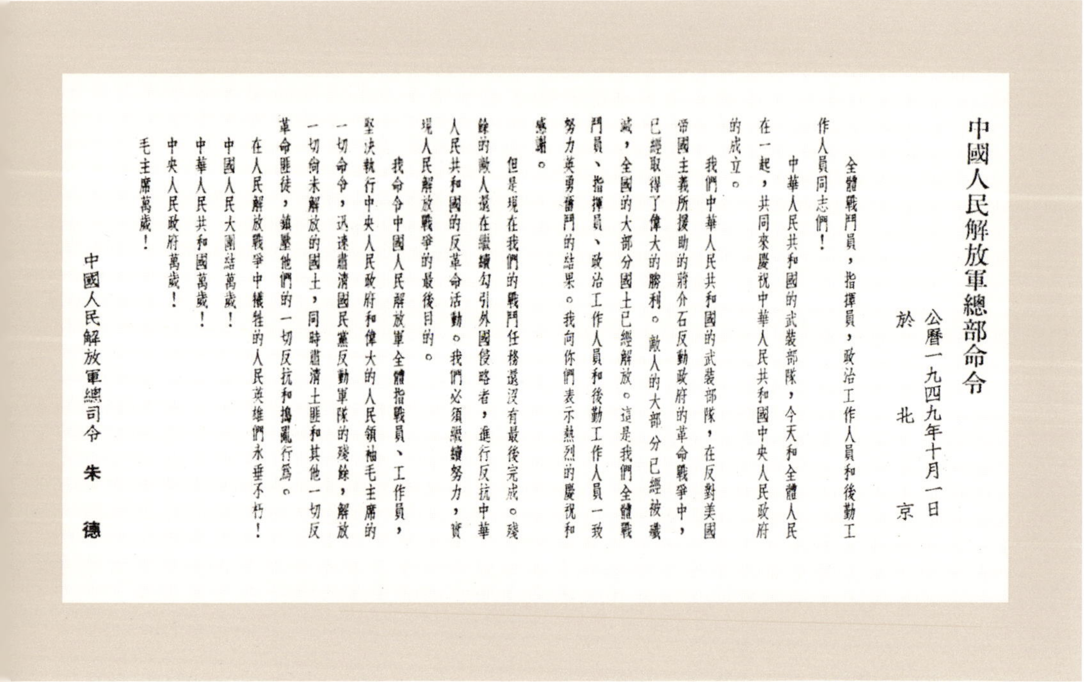

231

中國人民解放軍總部命令

公曆一九四九年十月一日
於　北　京

全體戰鬥員，指揮員，政治工作人員和後勤工作人員同志們！

中華人民共和國的武裝部隊，今天和全體人民在一起，共同來慶祝中華人民共和國中央人民政府的成立。

我們中華人民共和國的武裝部隊，在反對美國帝國主義所援助的蔣介石反動政府的革命戰爭中，已經取得了偉大的勝利。敵人的大部分已經被殲滅，全國的大部分國土已經解放。這是我們全體戰鬥員、指揮員、政治工作人員和後勤工作人員一致努力英勇奮鬥的結果。我向你們表示熱烈的慶祝和感謝。

但是現在我們的戰鬥任務還沒有最後完成。殘餘的敵人還在繼續勾引外國侵略者，進行反抗中華人民共和國的反革命活動。我們必須繼續努力，實現人民解放戰爭的最後目的。

我命令中國人民解放軍全體指戰員、工作員，堅決執行中央人民政府和偉大的人民領袖毛主席的一切命令，迅速肅清國民黨反動軍隊的殘餘，解放一切尚未解放的國土，同時肅清土匪和其他一切反革命匪徒，鎮壓他們的一切反抗和搗亂行爲。

在人民解放戰爭中犧牲的人民英雄們永垂不朽！
中國人民大團結萬歲！
中華人民共和國萬歲！
中央人民政府萬歲！
毛主席萬歲！

中國人民解放軍總司令　朱　德

230　中国人民解放军总司令朱德在天安门城楼上宣读《中国人民解放军总部命令》，命令全体指战员“迅速肃清国民党反动军队的残余，解放一切尚未解放的国土”。右旁立者为各野战军领导人。右起：贺龙、刘伯承、陈毅、罗荣桓。

231　《中国人民解放军总部命令》。

232

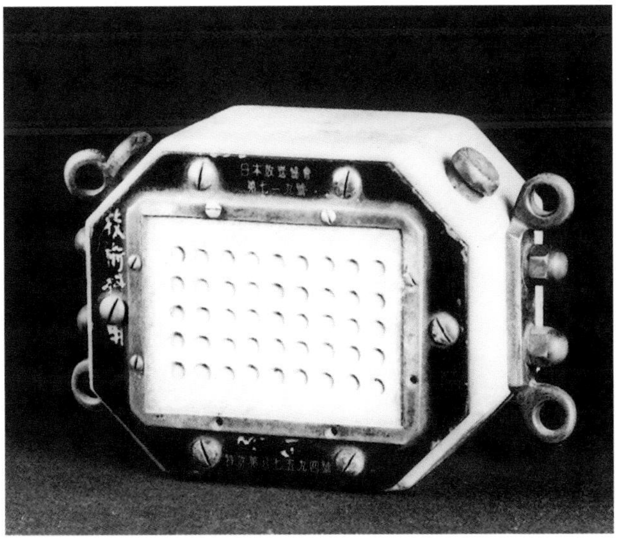

233

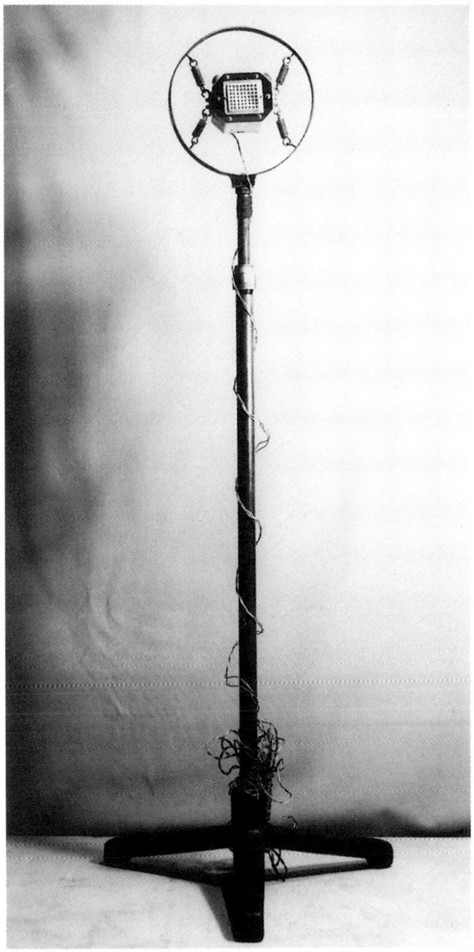

234

232　在开国大典主席台上。前排右起：毛泽东、张澜、周恩来、刘少奇。

233－234　毛泽东主席在天安门城楼上宣告中华人民共和国成立时使用的话筒。

235

235　开国大典上，举行了历时三个小时的盛大阅兵式。图为朱德总司令在华北军区司令员兼京津卫戍区司令员、阅兵总指挥聂荣臻陪同下，检阅中国人民解放军海、陆、空三军部队。

236

237

236－237　毛泽东、刘少奇等在天安门城楼检阅台上。

238

239

238 受阅部队分列经主席台前由东向西行进。图为受阅先导部队。

239 海军方阵经过主席台前。

240

240 行进中的海军方阵。

241 步兵方阵以“八一”军旗为前导。

241

242

242－243　步兵方阵通过天安门广场。

243

244

245

244－245　接受检阅的炮兵部队。

246

246－247　行进中的炮兵部队。

247

248

248 高射炮部队驶过天安门广场。

249

249 威武的摩托化步兵。

250

251

252

250 装甲部队在行进。

251－252 接受检阅的坦克部队。

253 坦克部队隆隆通过主席台前。

253

254

255

254－255　整装待发的人民空军。

256

257

256　当战车师行进在长安街中段时，由十余架战斗机、蚊式机、教练机等组成的空军机队，分批自东向西飞过天安门广场上空。

257　陆军、空军同步前进。

258

258　手擎“八一”军旗的骑兵。

259　行进中的骑兵。

259

260

260　威武的骑兵阵容。

261

262

261 参加开国大典的北京军民。

262 参加开国大典的工人队伍。

263

264

263　出席庆典的学生队伍。

264　应邀观礼的苏联文化艺术科学工作代表团。

265

265　毛泽东在天安门城楼上向群众挥手致意。

266

267

266－267　锣鼓喧天、人欢旗舞的天安门广场。

268

269

268 欢呼的群众在阅兵式完毕后开始游行。

269 欢庆之夜。

270

271

272

270　毛泽东等在庆典晚会上。

271－272　举着红灯游行的群众队伍。首都北京沉浸在无比欢乐之中。

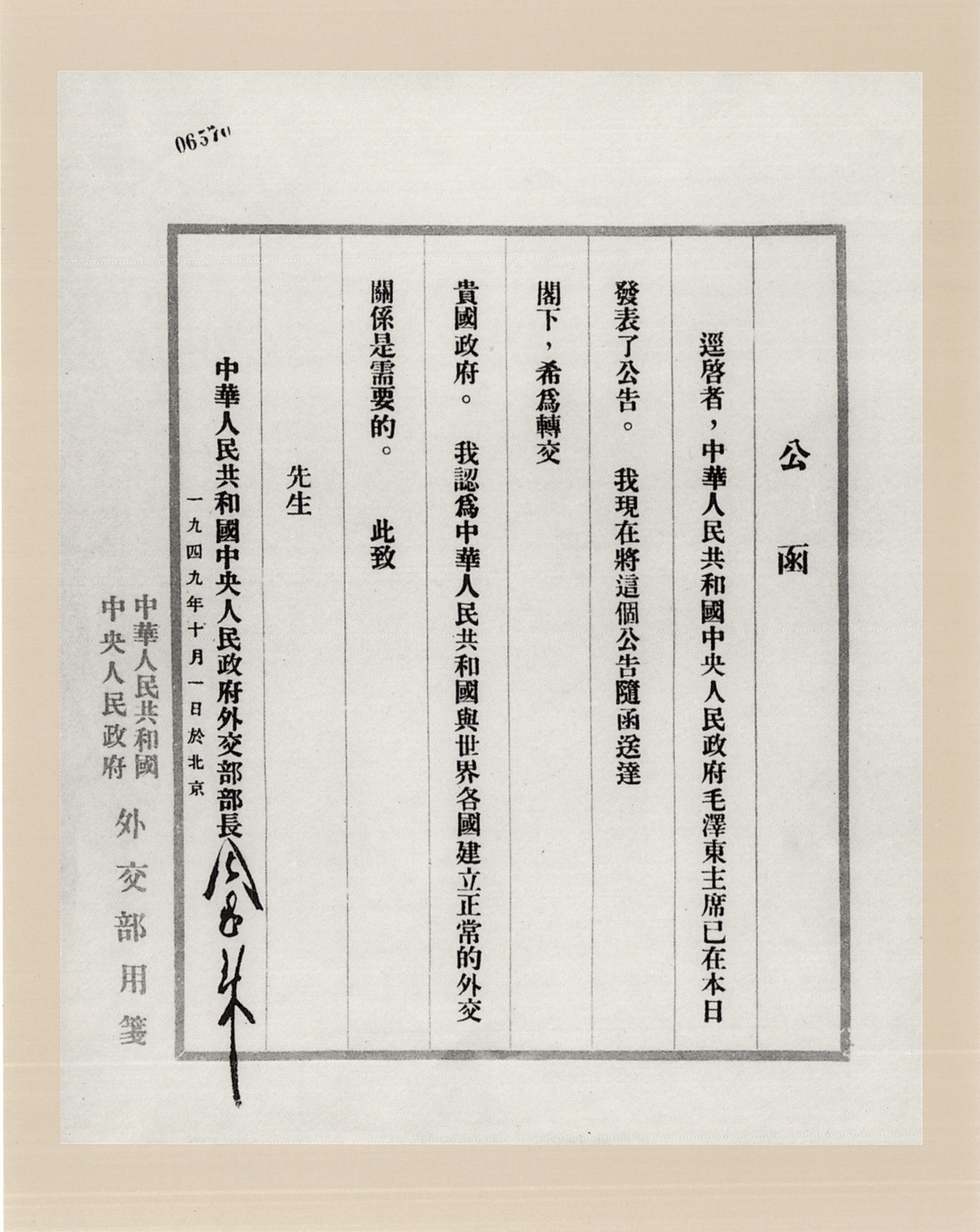

06570

公函

逕啓者，中華人民共和國中央人民政府毛澤東主席已在本日
發表了公告。我現在將這個公告隨函送達
閣下，希爲轉交
貴國政府。我認爲中華人民共和國與世界各國建立正常的外交
關係是需要的。此致

先生

中華人民共和國中央人民政府外交部部長周恩來
一九四九年十月一日於北京

中華人民共和國中央人民政府
外交部用箋

273

273　1949年10月1日，中华人民共和国中央人民政府外交部部长周恩来发出致各国政府公函，表示愿意同世界各国建立正常的外交关系。

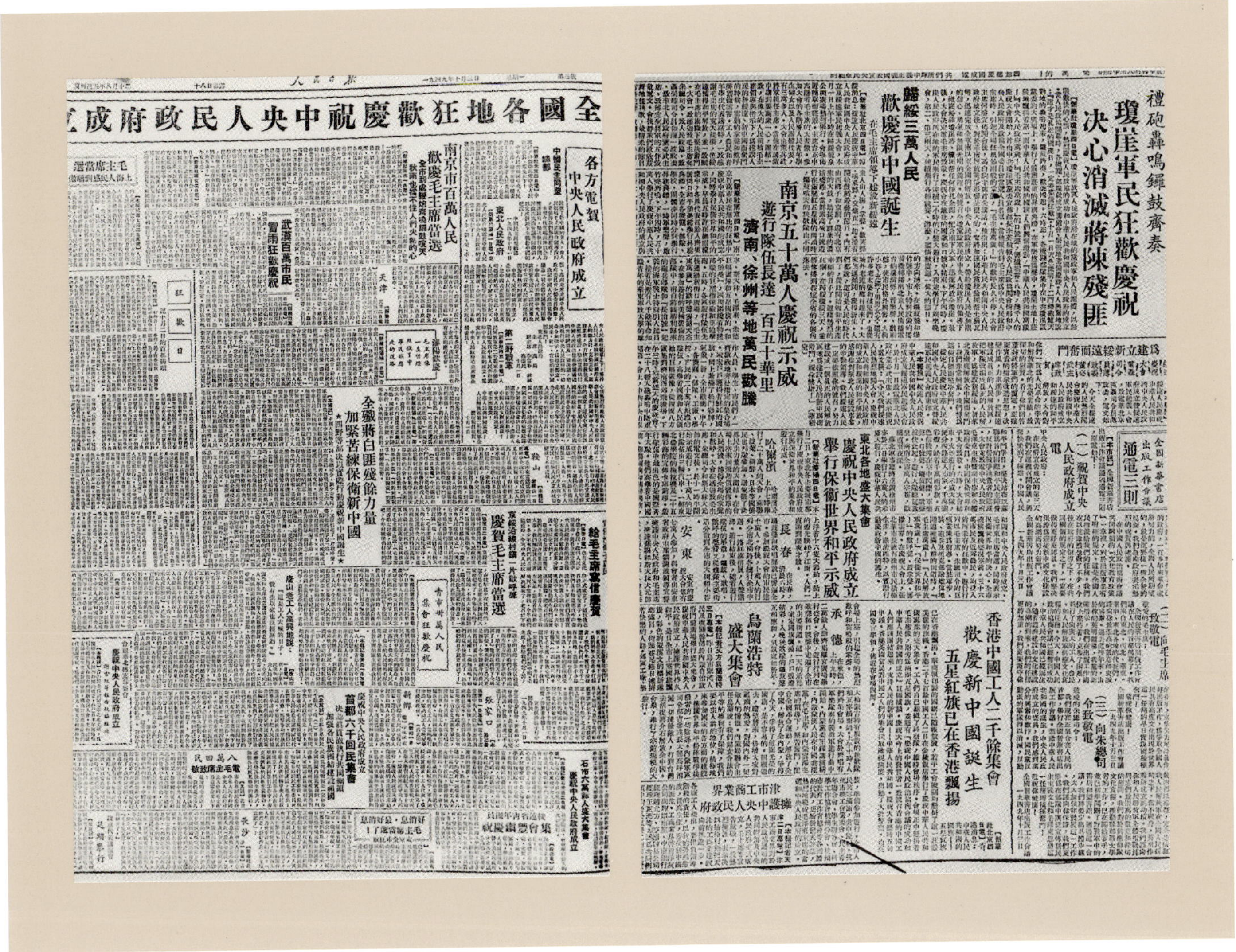

全國各地狂歡慶祝中央人民政府成立

各方電賀中央人民政府成立

南京市百萬人民歡慶毛主席當選

武漢百萬市民冒雨狂歡慶祝

全殲蔣白匪殘餘力量 加緊苦練保衛新中國

慶賀毛主席當選

禮砲轟鳴鑼鼓齊奏 瓊崖軍民狂歡慶祝 決心消滅蔣陳殘匪

歸綏三萬人民歡慶新中國誕生

南京五十萬人慶祝示威 遊行隊伍長達一百五十華里 濟南、徐州等地萬民歡騰

東北各地盛大集會 慶祝中央人民政府成立 舉行保衛世界和平示威

香港中國工人二千餘集會 歡慶新中國誕生 五星紅旗已在香港飄揚

烏蘭浩特盛大集會

通電三則

274

275

274 全国各地举行了庆祝活动。这是当时的有关报道。

275 北京聋哑联合会筹备会工作人员演出秧歌庆祝新中国成立。

276

276　南京市人民欢呼新中国成立。

277　无锡市人民游行，热烈庆祝中华人民共和国成立。

278　上海百万群众游行，庆祝中华人民共和国诞生。

277

278

279

280

281

279－280　沈阳市人民游行，燃放鞭炮，欢庆新中国诞生。

281　天津市人民庆贺新中国诞生。

282

283

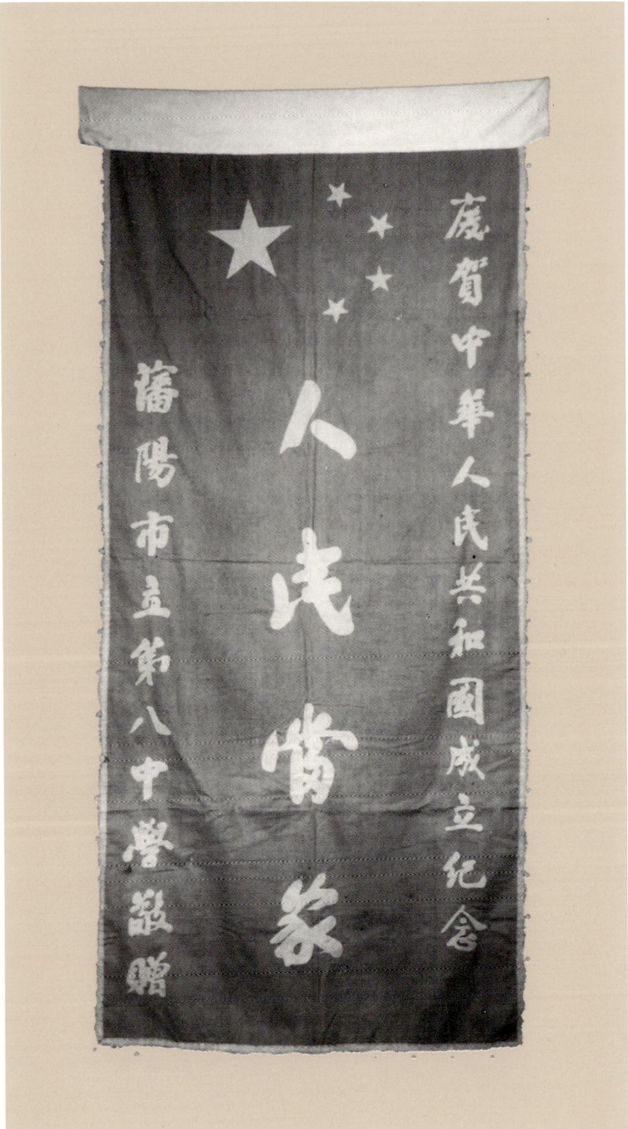

282　大连市人民庆祝新中国成立。

283　沈阳市立第八中学为庆祝中华人民共和国成立敬献的“人民当家”锦旗。

284

284　江西省人民为中华人民共和国开国纪念献给毛泽东主席的瓷壶。

285　旅大区党委为庆祝中华人民共和国成立给毛泽东主席的致敬书。

285

286

287

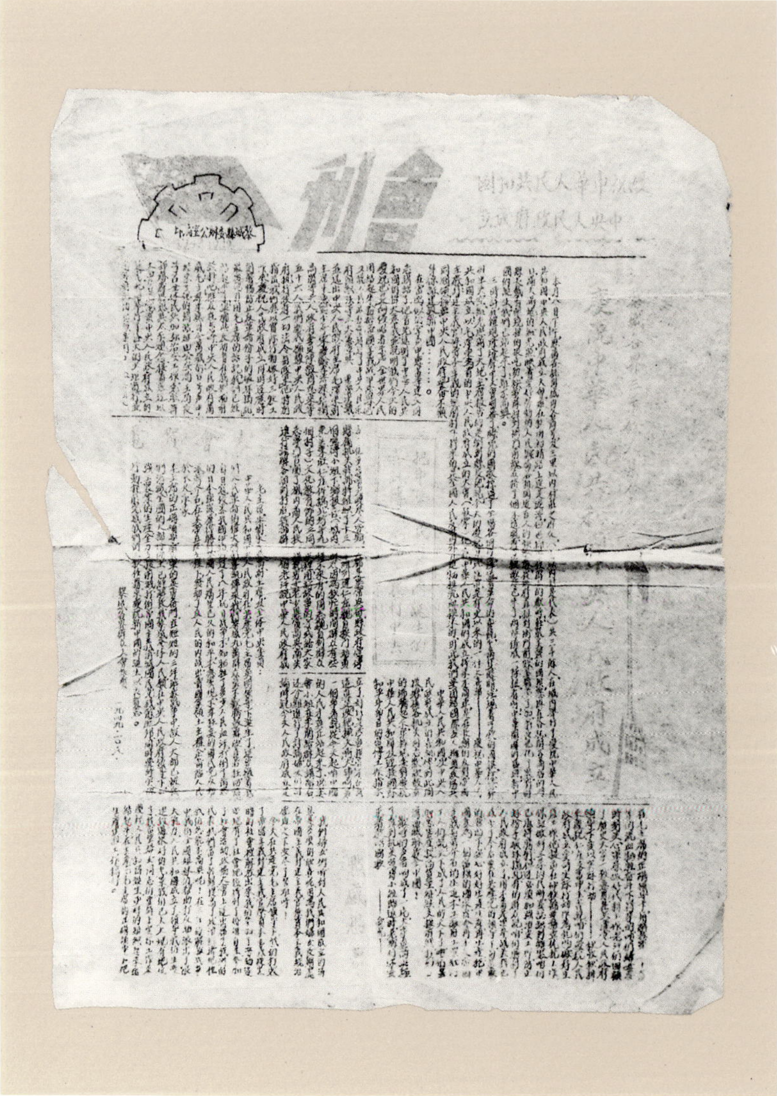
會刊
慶祝中華人民共和國
中央人民政府成立

286　山西阳城县群众举行大会，庆祝中华人民共和国成立。

287　中共山西黎城县委办公室编印的《庆祝中华人民共和国中央人民政府成立大会会刊》。

288 鲁艺美术部创作的宣传画——《中国人民站起来了》。

289 许多艺术工作者纷纷挥毫作曲，庆祝中华人民共和国的诞生。图为当时创作的部分歌曲。

288

289

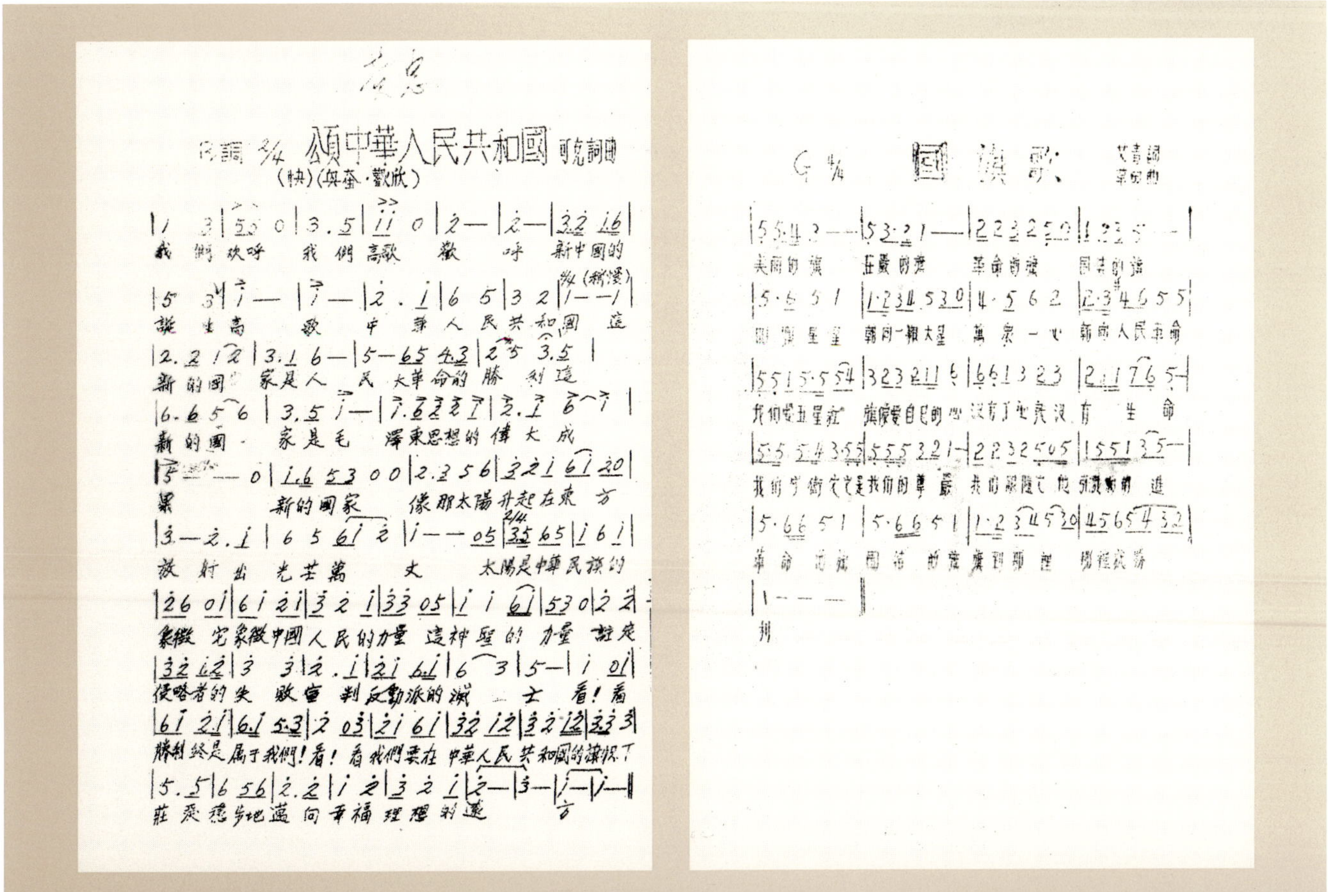

290 291

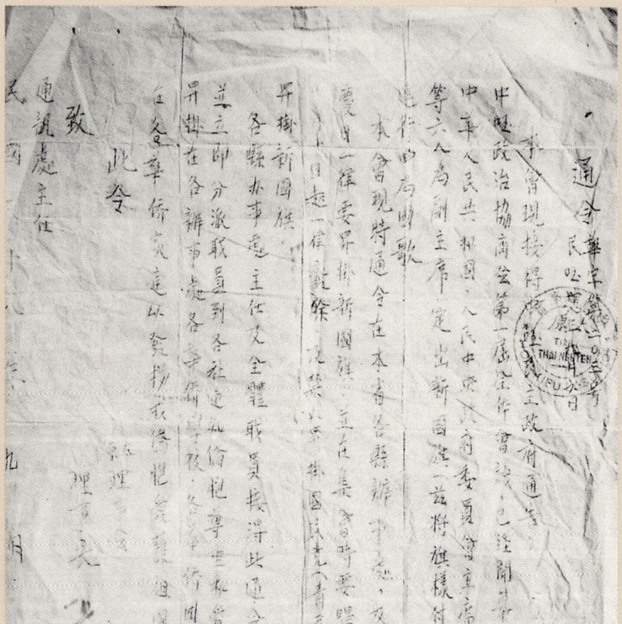

通令 華字第[illegible]號

本會現接得[illegible]政府通[illegible]

中國政治協商會第一屆全體會議，已經閉幕，選出毛澤東為

中華人民共和國中央人民政府委員會主席，朱德、劉少奇

等六人為副主席，定出新國旗（並將旗樣附上）定用義勇軍

進行曲為國歌

本會現特通令在本省各縣辦事處，及全體僑胞，在國

慶日一律要昇掛新國旗，並在集會時要唱新國歌，自卅八

[illegible]日起一律禁[illegible]青天白日[illegible]以後一律

昇掛新國旗。

各縣辦事處主任及全體職員接得此通令後要切實執行

並立即分派職員到各社通知僑胞尊重本會[illegible]將新國旗

昇掛在各辦事處、各華僑學校、各華僑團體，及當選昇掛

在全華僑家庭以發揚我僑胞愛護祖國之精神。

此令

致

通訊處主任

理事長 [illegible]

民國[illegible]年[illegible]月[illegible]日

292

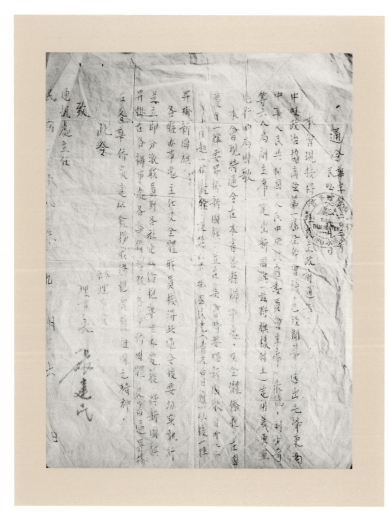

290—291　香港电影工作者学会部分成员在扯旗山山顶用身体组成国旗的五星图案和“人民”二字，庆祝中华人民共和国诞生。

292　海外华侨举行集会，致电来函庆祝新中国成立。图为越南太原省华侨理事会关于挂新国旗、唱新国歌的通令。

293　北朝鲜华侨联合总会发行的宣传册——《北朝鲜华侨欢庆中华人民共和国诞生》。

294　中华人民共和国的成立，受到世界人民的欢迎和支持。一些国家的领导人、共产党和进步组织致电中国人民，庆祝新中国成立。这是当时的有关报道。

293

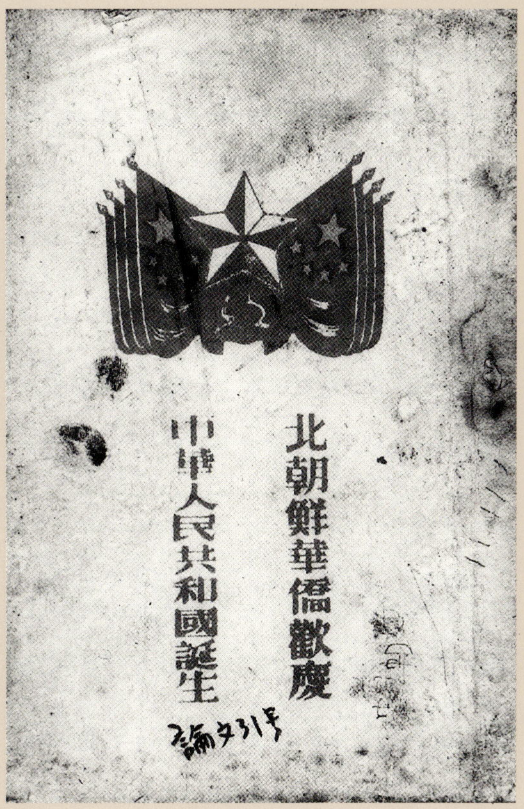

294

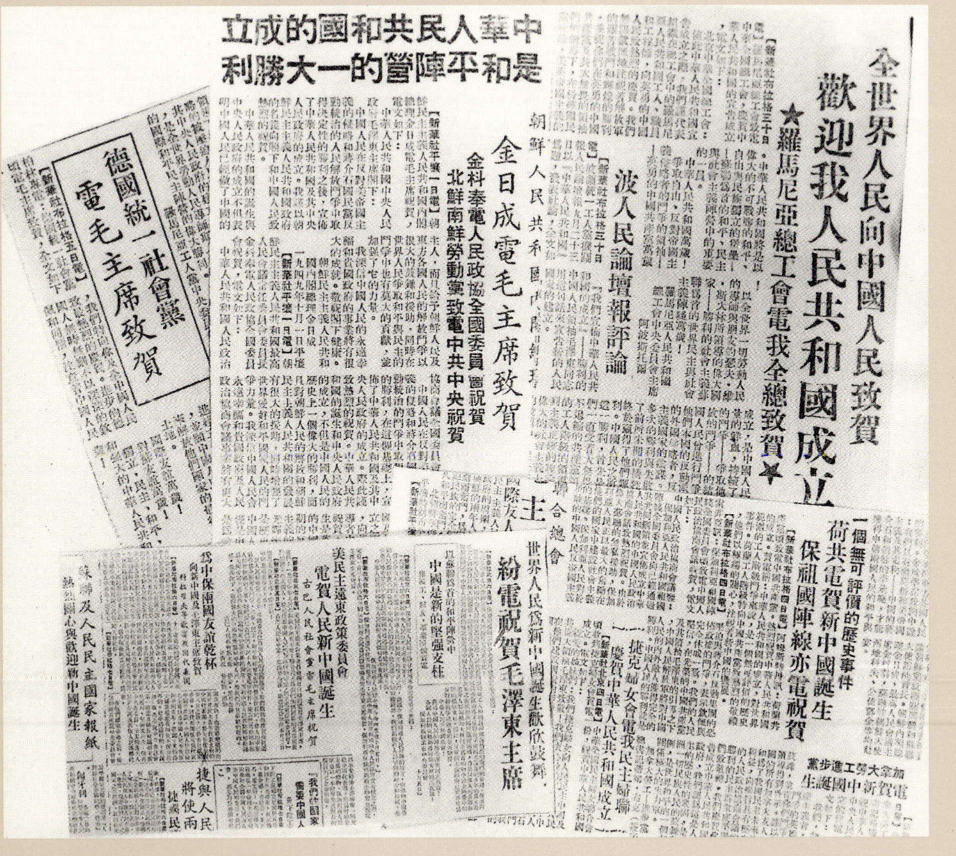
中華人民共和國的成立
是和平陣營的一大勝利

全世界人民向中國人民致賀
歡迎我人民共和國成立
★羅馬尼亞總工會電我全總致賀★

波人民論壇報評論

金日成電毛主席致賀
金科奉電人民政協全國委員會祝賀
北鮮南鮮勞動黨致電中共中央祝賀

德國統一社會黨電毛主席致賀

一個無可評價的歷史事件
荷共電賀新中國誕生
保衛和平陣線亦電祝賀

加拿大勞工進步黨電賀新中國誕生

捷克婦女會電我民主婦聯
慶賀中華人民共和國成立

世界人民為新中國誕生歡欣鼓舞
紛電祝賀毛澤東主席

美民主遠東政策委員會
電賀人民新中國誕生

中國是新的堅強支柱

為中保兩國友誼乾杯

295

295　1949 年 10 月 2 日，毛泽东接见从匈牙利赶回国内参加开国大典的“中国青年代表团”时，给王湘签名题字的照片。

296　旅大邮电管理局为庆祝中华人民共和国成立发行的纪念邮票。

296

297

298

299

297　1950 年 7 月 1 日，邮电部发行的中华人民共和国开国纪念邮票。

298　中国人民解放军第六十八军颁发的中华人民共和国开国盛典纪念章。

299　中华人民共和国开国纪念章。

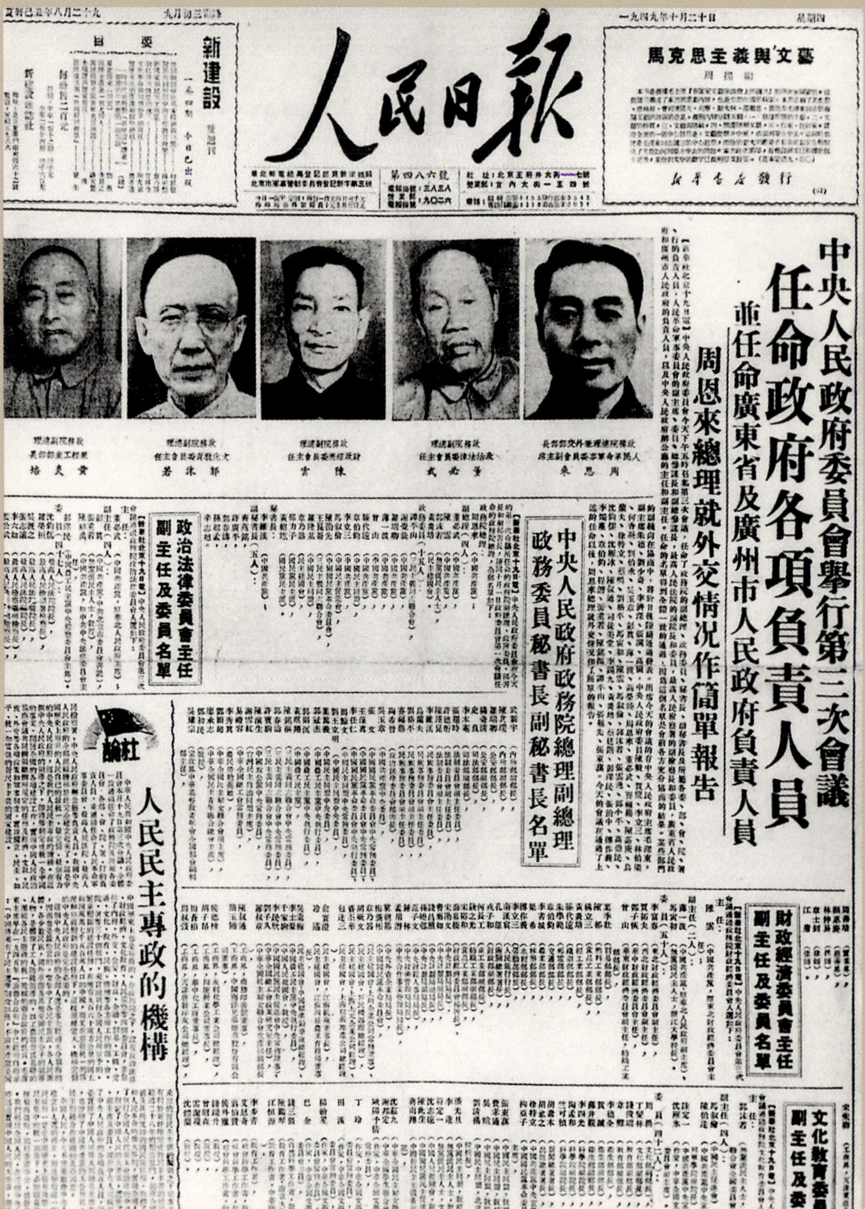
人民日報

新建設

馬克思主義與文藝

中央人民政府委員會舉行第三次會議

任命政務院各項負責人員

並任命廣東省及廣州市人民政府負責人員

周恩來總理就外交情況作簡單報告

中央人民政府政務院總理副總理政務委員秘書長副秘書長名單

政治法律委員會主任副主任及委員名單

財政經濟委員會主任副主任及委員名單

文化教育委員會主任副主任及委員名單

人民民主專政的機構

300　1949 年 10 月 19 日，中央人民政府委员会举行第三次会议，任命政务院副总理、政务委员、秘书长及所属各委、部、会、院、署、行的负责人员，人民革命军事委员会副主席、委员、总参谋长和副总参谋长，最高人民法院副院长和委员，最高人民检察署副检察长和委员以及中央人民政府办公厅主任和副主任。这是当时的有关报道。

中华人民共和国中央人民政府
组织系统表

（1949年10月）

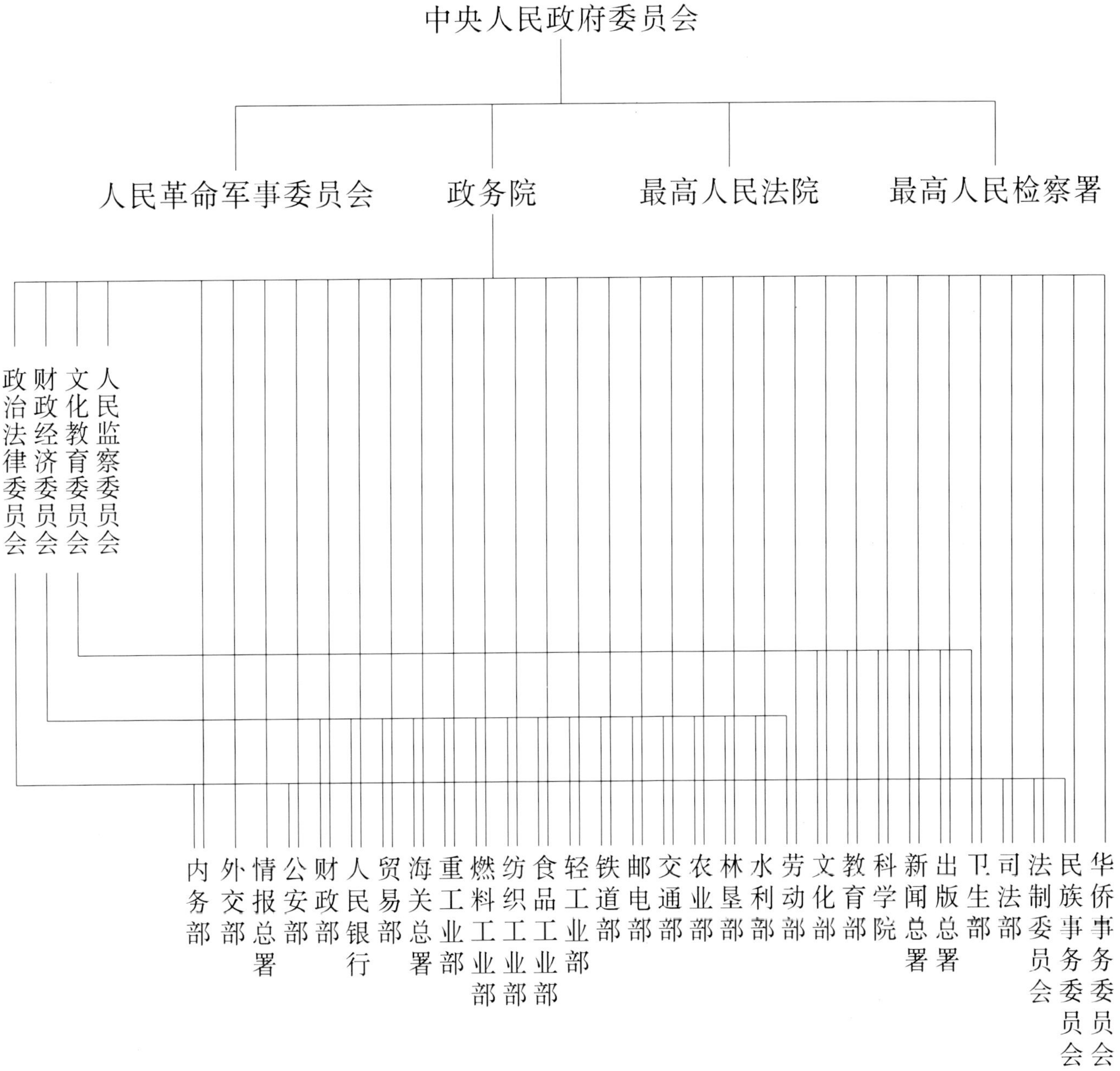

中央人民政府委员会领导成员名单

（1949年9月30日）

主　　席	毛泽东
副主席	朱　德　刘少奇　宋庆龄　李济深　张　澜　高　岗
委　　员	陈　毅　贺　龙　李立三　林伯渠　叶剑英　何香凝 林　彪　彭德怀　刘伯承　吴玉章　徐向前　彭　真 薄一波　聂荣臻　周恩来　董必武　赛福鼎　饶漱石 陈嘉庚　罗荣桓　邓子恢　乌兰夫　徐特立　蔡　畅 刘格平　马寅初　陈　云　康　生　林　枫　马叙伦 郭沫若　张云逸　邓小平　高崇民　沈钧儒　沈雁冰 陈叔通　司徒美堂　李锡九　黄炎培　蔡廷锴 习仲勋　彭泽民　张治中　傅作义　李烛尘　李章达 章伯钧　程　潜　张奚若　陈铭枢　谭平山　张难先 柳亚子　张东荪　龙　云
秘书长	林伯渠
办公厅主任	齐燕铭

人民革命军事委员会领导成员名单

（1949年10月）

主　　席	毛泽东
副主席	朱　德　刘少奇　周恩来　彭德怀　程　潜
委　　员	贺　龙　刘伯承　陈　毅　林　彪　徐向前　叶剑英 聂荣臻　高　岗　粟　裕　张云逸　邓小平　李先念 饶漱石　邓子恢　习仲勋　罗瑞卿　萨镇冰　张治中 傅作义　蔡廷锴　龙　云　刘　斐
总参谋长	徐向前
副总参谋长	聂荣臻

政务院领导成员名单

（1949 年 10 月）

总　　理	周恩来
副总理	董必武　陈　云　郭沫若　黄炎培
政务委员	谭平山　谢觉哉　罗瑞卿　薄一波　曾　山　滕代远 章伯钧　李立三　马叙伦　陈劭先　王昆仑　罗隆基 章乃器　邵力子　黄绍竑
秘书长	李维汉

最高人民法院领导成员名单

（1949 年 10 月）

院　　长	沈钧儒
副院长	吴溉之　张志让
委　　员	陈绍禹　朱良材　冯文彬　许之桢　李培之　费　青 贾　潜　王怀安　陈瑾昆　吴昱恒　闵刚侯　陆鸿仪 沙彦楷　俞钟骆

最高人民检察署领导成员名单

（1949 年 10 月）

检察长	罗荣桓
副检察长	李六如　蓝公武
委　　员	罗瑞卿　杨奇清　何香凝　李锡九　周新民　陈少敏 许建国　汪金祥　李士英　卜盛光　冯基平

政务院各委、部、会、院、署、行领导成员名单

（1949 年 10 月）

政治法律委员会

主　任　董必武（兼）

副主任　彭　真　张奚若　陈绍禹　彭泽民

财政经济委员会

主　任　陈　云（兼）

副主任　薄一波　马寅初

文化教育委员会

主　任　郭沫若（兼）

副主任　马叙伦　陈伯达　陆定一　沈雁冰

人民监察委员会

主　任　谭平山

副主任　刘景范　潘震亚

内务部

部　长　谢觉哉

副部长　武新宇　陈其瑗

外交部

部　长　周恩来（兼）

副部长　王稼祥　李克农　章汉夫

公安部

部　长　罗瑞卿

副部长　杨奇清

财政部

部　长　薄一波

副部长　戎子和　王绍鏊

贸易部

部　长　叶季壮

副部长　姚依林　沙千里

重工业部

部　长　陈　云（兼）

副部长　何长工　钟　林　刘　鼎

燃料工业部

部　长　陈　郁

副部长　李范一　吴　德

纺织工业部

部　长　曾　山

副部长　钱之光　陈维稷　张琴秋

食品工业部

部　长　　杨立三

副部长　　宋裕如

轻工业部

部　长　　黄炎培（兼）

副部长　　杨卫玉　龚饮冰
　　　　　王新元

铁道部

部　长　　滕代远

副部长　　吕正操　武竞天
　　　　　石志仁

邮电部

部　长　　朱学范

副部长　　王　诤

交通部

部　长　　章伯钧

副部长　　李运昌　季　方

农业部

部　长　　李书城

副部长　　罗玉川　吴觉农
　　　　　杨显东

林垦部

部　长　　梁　希

副部长　　李范五　李相符

水利部

部　长　　傅作义

副部长　　李葆华

劳动部

部　长　　李立三

副部长　　施复亮　毛齐华

文化部

部　长　　沈雁冰

副部长　　周　扬　丁燮林

教育部

部　长　　马叙伦

副部长　　钱俊瑞　韦　悫

卫生部

部　长　　李德全

副部长　　贺　诚　苏井观

司法部

部　长　　史　良

副部长　　李木庵

法制委员会

主任委员　　陈绍禹

副主任委员　张曙时　许德珩
　　　　　　陈瑾昆

民族事务委员会

主 任 委 员 李维汉（兼）

副主任委员 乌兰夫 刘格平 赛福鼎

华侨事务委员会

主 任 委 员 何香凝

副主任委员 李任仁 廖承志 李铁民 庄希泉

科学院

院 长 郭沫若（兼）

副院长 陈伯达 李四光 陶孟和 竺可桢

情报总署

署 长 邹大鹏

海关总署

署 长 孔 原

副署长 丁贵堂

新闻总署

署 长 胡乔木

副署长 范长江 萨空了

出版总署

署 长 胡愈之

副署长 叶圣陶 周建人

人民银行

行 长 南汉宸

副行长 胡景澐

301

301　中央人民政府委员会主席、
人民革命军事委员会主席毛泽东。

302

303

302　中央人民政府委员会副主席、人民革命军事委员会副主席朱德。

303　中央人民政府委员会副主席、人民革命军事委员会副主席刘少奇。

304

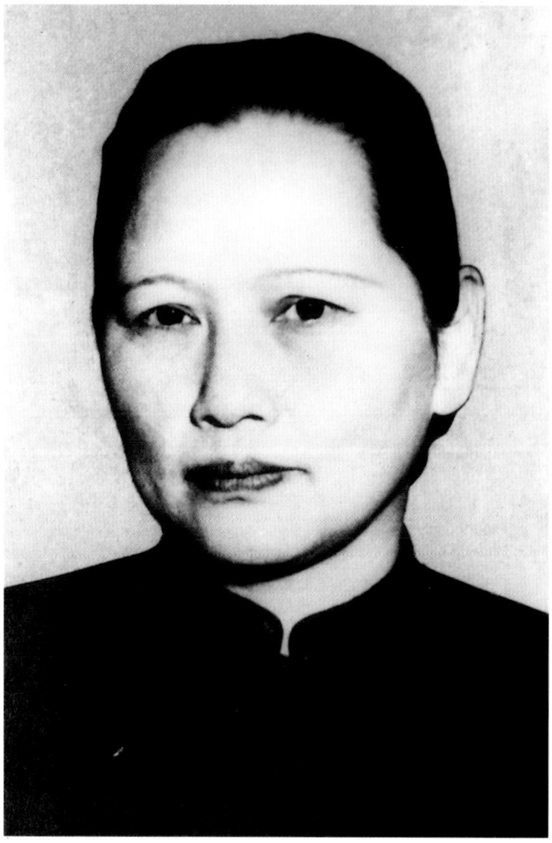

305

304　中央人民政府委员会副主席宋庆龄。

305　中央人民政府委员会副主席李济深。

306

306 中央人民政府委员会副主席张澜。

307

307 中央人民政府委员会副主席高岗。

308

308 中央人民政府委员会秘书长林伯渠。

309

309 人民革命军事委员会副主席、政务院总理兼外交部长周恩来。

310

310　人民革命军事委员会副主席彭德怀。

311

311　人民革命军事委员会副主席程潜。

312

312　政务院副总理、政治法律委员会主任董必武。

313

313　政务院副总理、财政经济委员会主任、重工业部部长陈云。

314

314　政务院副总理、文化教育委员会主任、科学院院长郭沫若。

315

315　政务院副总理兼轻工业部部长黄炎培。

316

316　政务院秘书长、民族事务委员会主任委员李维汉。

317

317　最高人民法院院长沈钧儒。

318

319

318 最高人民检察署检察长罗荣桓。

319 人民监察委员会主任谭平山。

320

321

320 内务部部长谢觉哉。

321 公安部部长罗瑞卿。

322

323

322 财政部部长薄一波。

323 贸易部部长叶季壮。

324
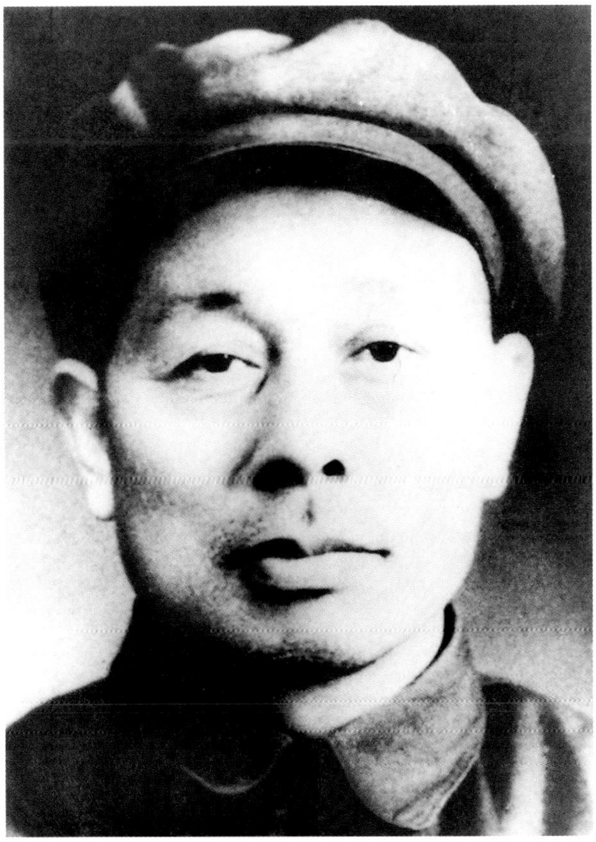
325

324 燃料工业部部长陈郁。

325 纺织工业部部长曾山。

326

326　食品工业部部长杨立三。

327

327　铁道部部长滕代远。

328

328　邮电部部长朱学范。

329

329　交通部部长章伯钧。

330

330　农业部部长李书城。

331

331　林垦部部长梁希。

332

332　水利部部长傅作义。

333

333　劳动部部长李立三。

334

335

334　文化部部长沈雁冰。

335　教育部部长马叙伦。

336

337

336　卫生部部长李德全。

337　司法部部长史良。

338

338　法制委员会主任委员陈绍禹。

339

339　华侨事务委员会主任委员何香凝。

340

340　情报总署署长邹大鹏。

341

341　海关总署署长孔原。

342

342 新闻总署署长胡乔木。

343

343 出版总署署长胡愈之。

344

344 人民银行行长南汉宸。

345

345　中央人民政府人民革命军事委员会部分委员合影。一排左起：粟裕、周恩来、朱德、毛泽东、程潜、刘少奇、陈毅；二排左起：聂荣臻、高岗、张治中、邓小平、张云逸、刘斐；三排左起：罗瑞卿、贺龙、蔡廷锴、傅作义、刘伯承。

346－380　中央人民政府委员会所属机构印章（缺最高人民法院、贸易部、海关总署印章）。

346－①

346－②

347－①

347－②

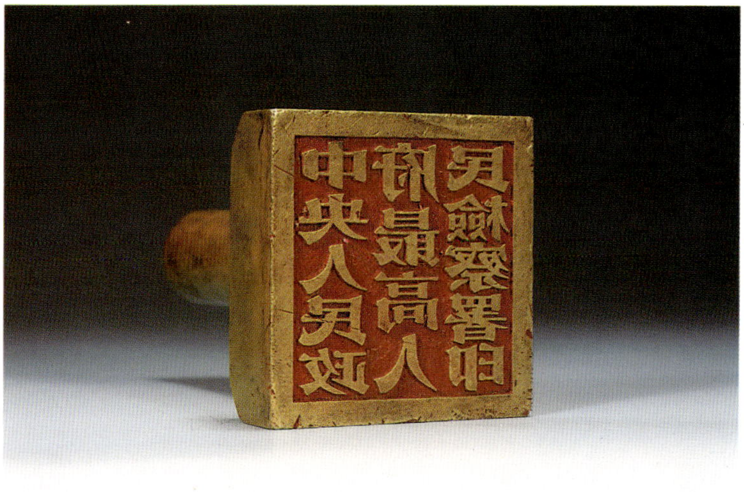

348－①

348－②

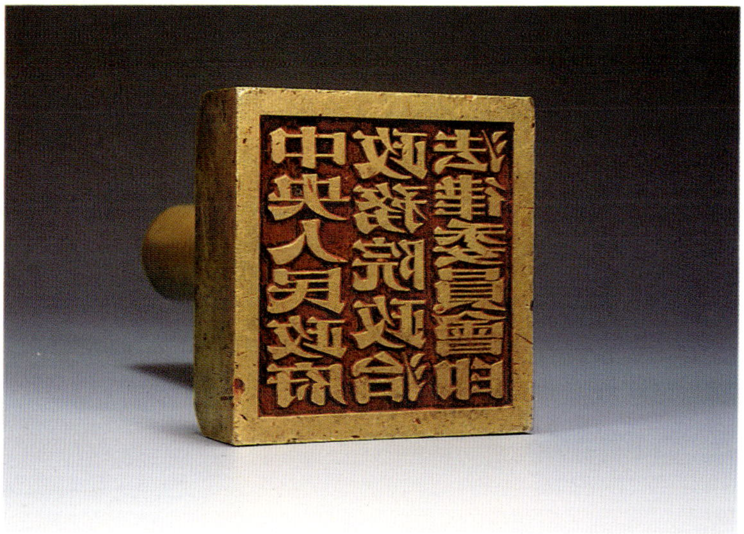

349－①

349－②

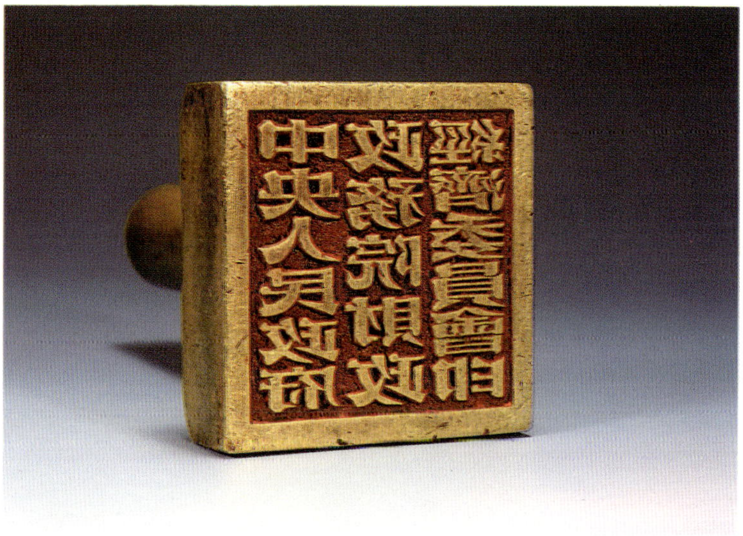

350－①

350－②

351－①

351－②

352－①

352－②

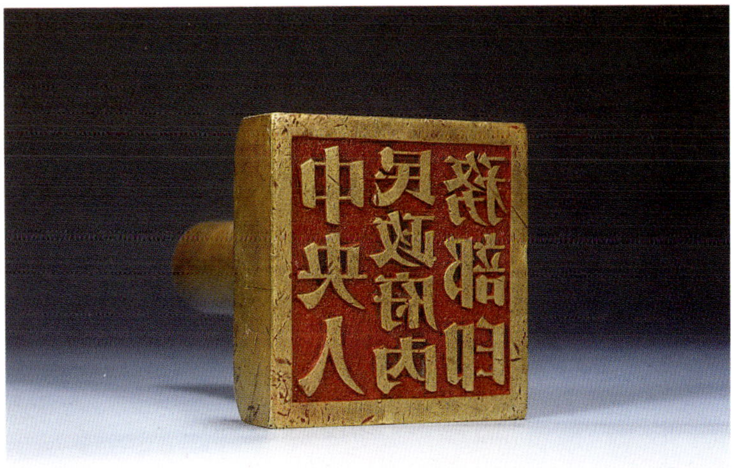
353－①

353－②

354－①

354－②

355－①

355－②

356－①

356－②

357－①

357－②

358－①

358－②

359－①

359－②

360－①

360－②

361－①

361－②

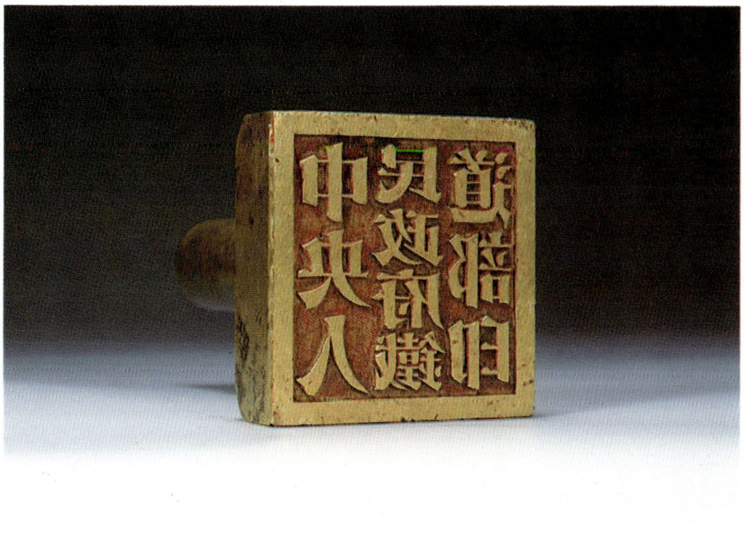

362－①

362－②

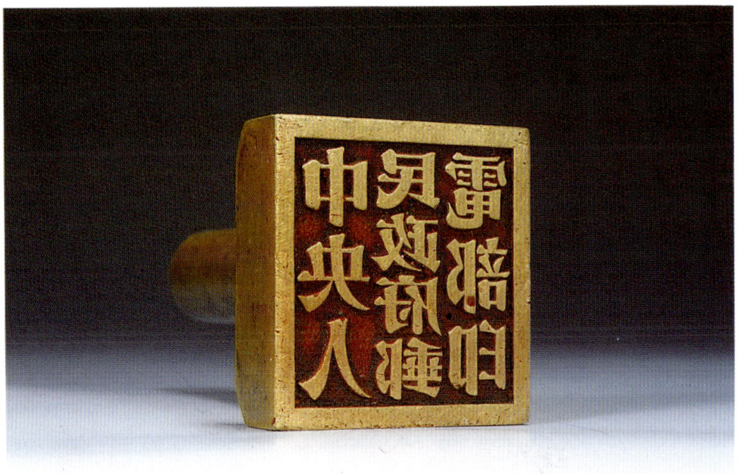

363－①

363－②

364－①

364－②

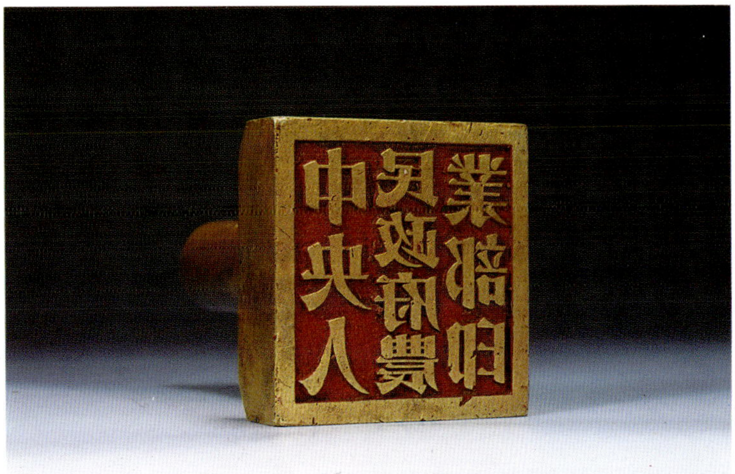

365－①

365－②

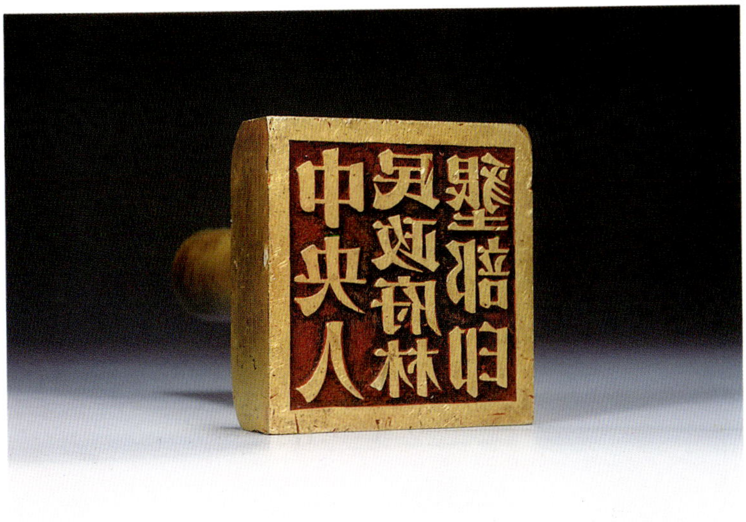

366－①

366－②

367－①

367－②

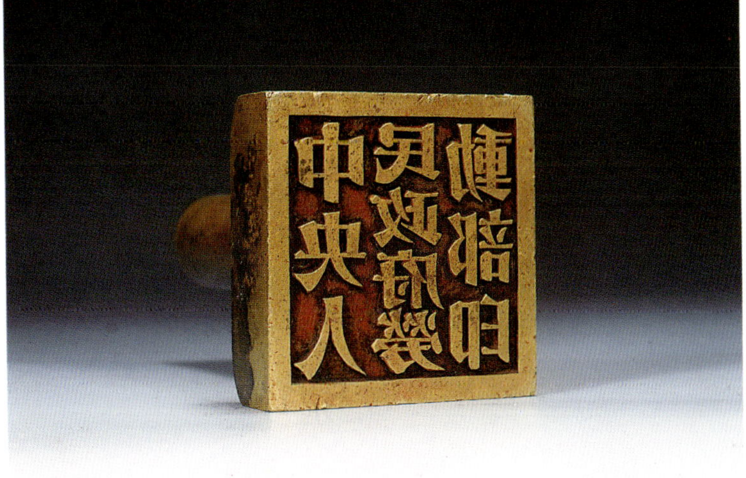

368－①

368－②

369－①

369－②

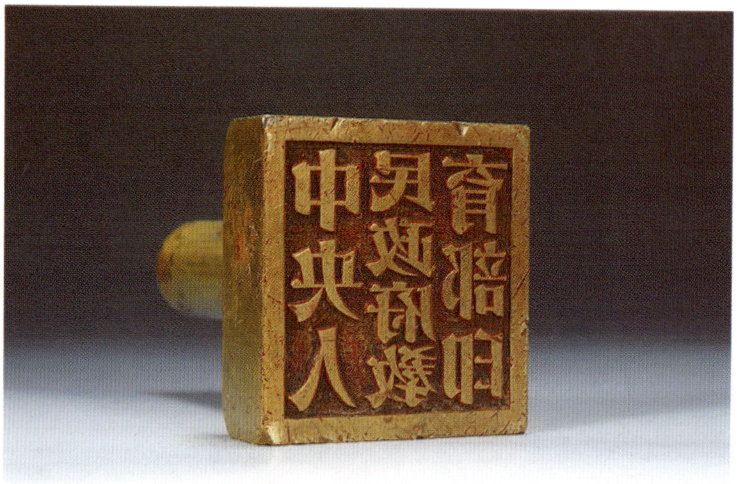

370－①

370－②

371－①

371－②

372－①

372－②

373－①

373－②

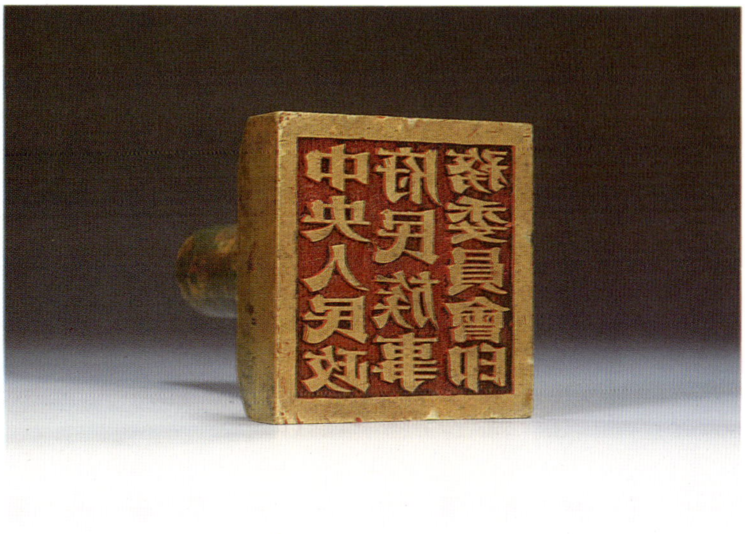

374－①

374－②

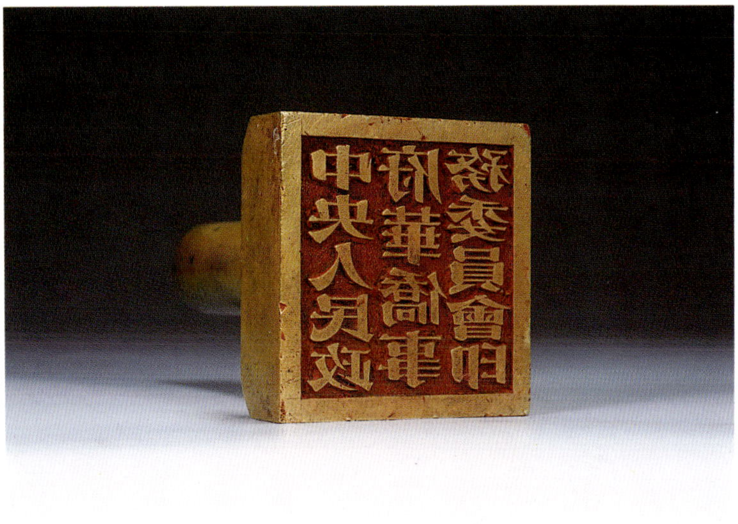

375－①

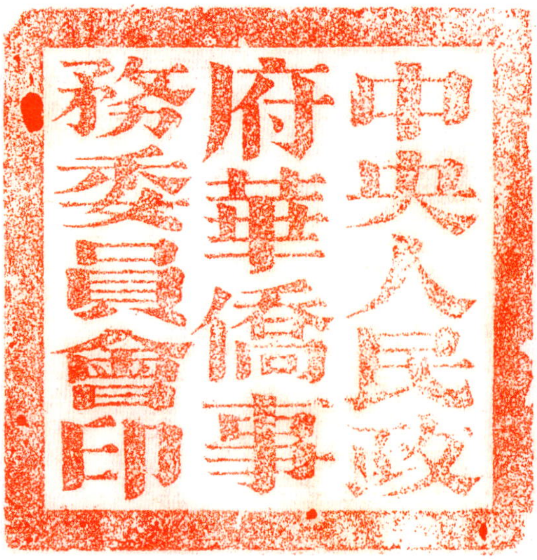

375－②

376－①

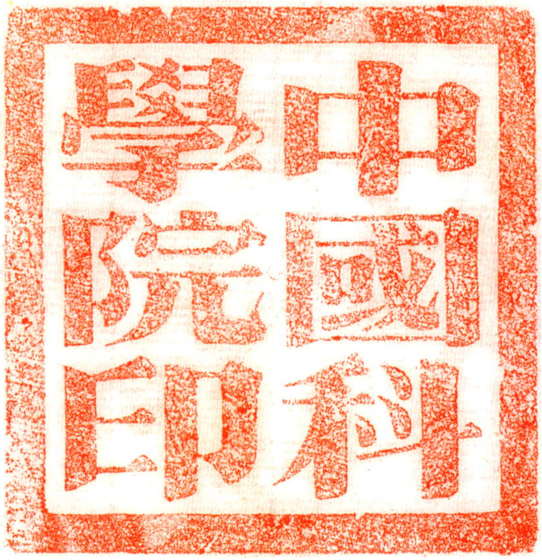

376－②

377－①

377－②

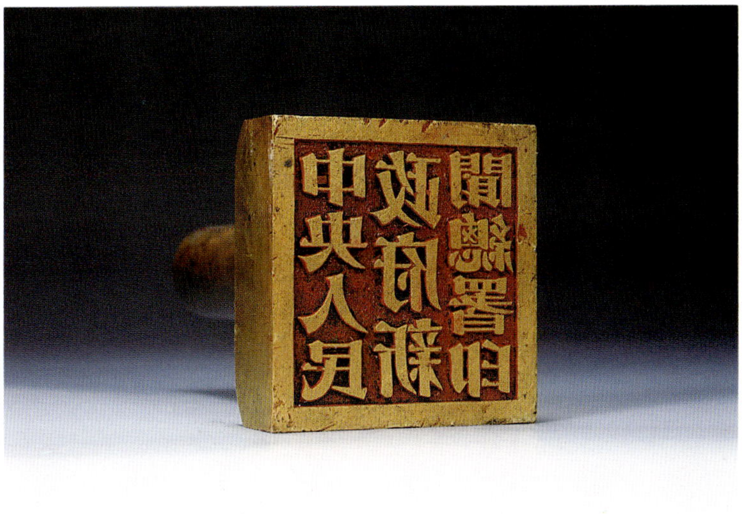

378－①

378－②

379－①

379－②

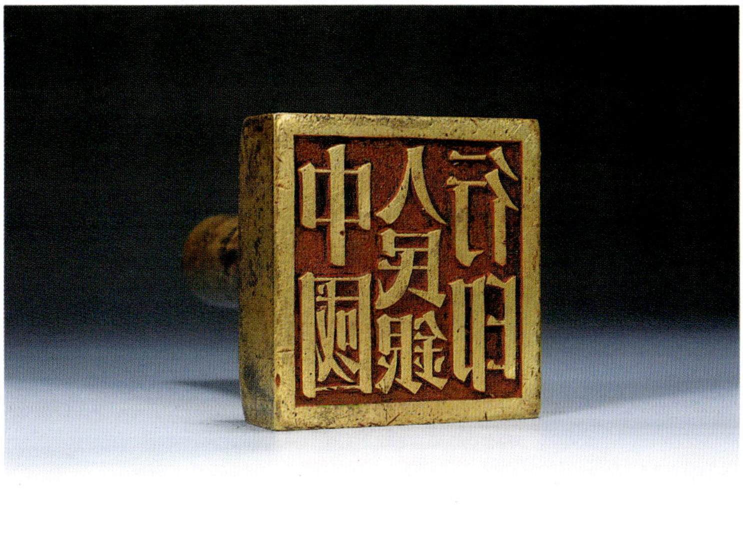

380－①

380－②

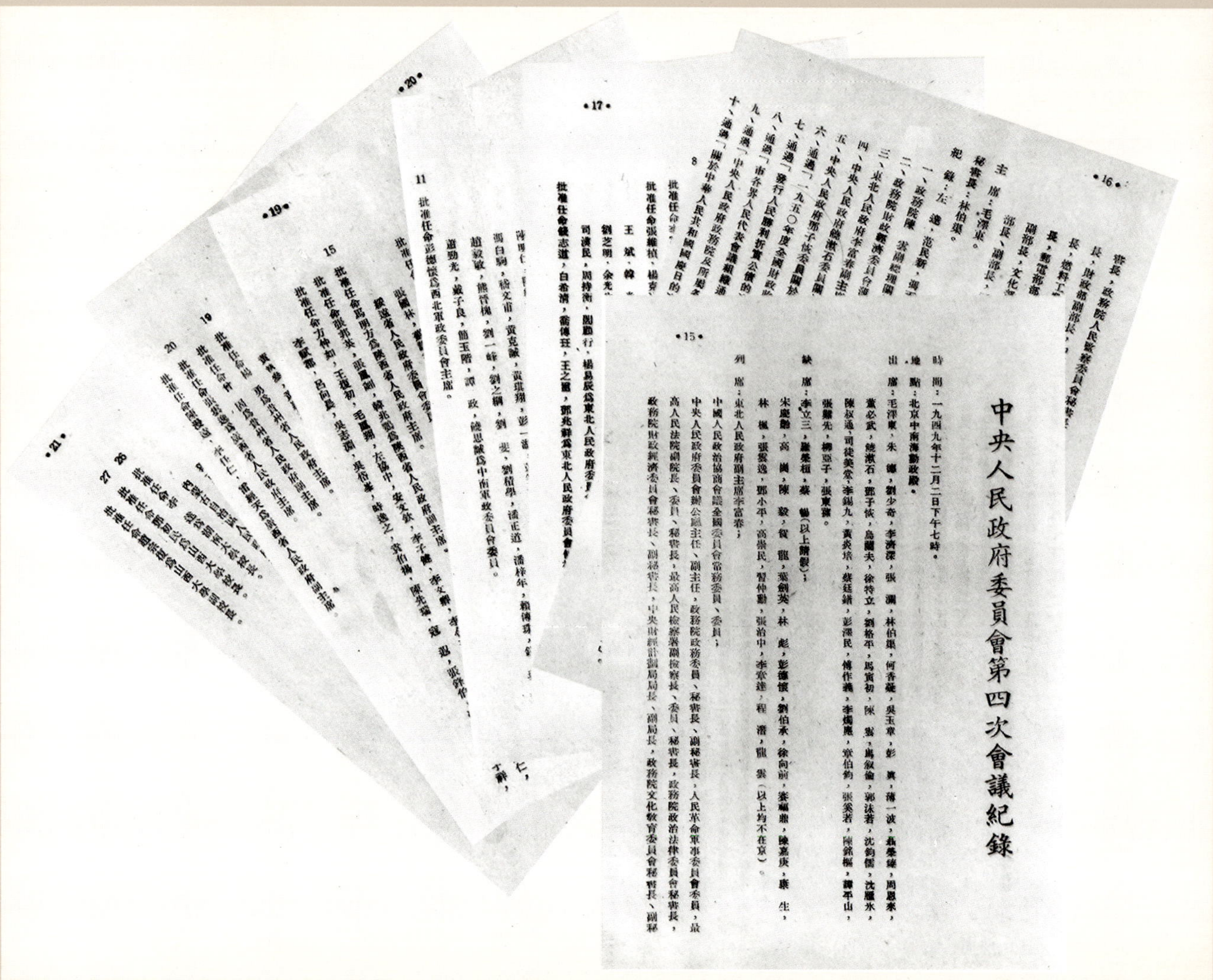
•15•

中央人民政府委員會第四次會議紀錄

時　間：一九四九年十二月二日下午七時。

地　點：北京中南海勤政殿。

出　席：毛澤東，朱　德，劉少奇，李濟深，張　瀾，林伯渠，何香凝，吳玉章，彭　真，薄一波，聶榮臻，周恩來，董必武，饒漱石，鄧子恢，烏蘭夫，徐特立，劉格平，馬寅初，陳　雲，馬叙倫，郭沫若，沈鈞儒，沈雁冰，陳叔通，司徒美堂，李錫九，黃炎培，蔡廷鍇，彭澤民，傅作義，李燭塵，章伯鈞，張奚若，陳銘樞，譚平山，張難先，柳亞子，張東蓀。

缺　席：李立三，羅榮桓，蔡　暢（以上請假）；宋慶齡，高　崗，陳　毅，賀　龍，葉劍英，林　彪，彭德懷，劉伯承，徐向前，賽福鼎，陳嘉庚，康　生，林　楓，張雲逸，鄧小平，高崇民，習仲勳，張治中，李章達，程　潛，龍　雲（以上均不在京）。

列　席：東北人民政府副主席李富春；中國人民政治協商會議全國委員會常務委員、委員；中央人民政府委員會辦公廳主任、副主任，政務院政務委員、秘書長、副秘書長，人民革命軍事委員會委員，最高人民法院副院長、委員、秘書長，最高人民檢察署副檢察長、委員、秘書長，政務院政治法律委員會秘書長，政務院財政經濟委員會秘書長、副秘書長，中央財經計劃局局長、副局長，政務院文化教育委員會秘書長、副秘

381

381　1949 年 12 月 2 日，中央人民政府委員會第四次會议决议，每年 10 月 1 日为中华人民共和国国庆日。这是中央人民政府委员会第四次会议记录。

關於中華人民共和國國慶日的決議

附錄之十一

中國人民政治協商會議第一屆全國委員會在一九四九年十月九日的第一次會議中，通過「請政府明定十月一日爲中華人民共和國國慶日，以代替十月十日的舊國慶日」的建議案，送請中央人民政府採擇施行。

中央人民政府委員會認爲中國人民政治協商會議第一屆全國委員會的這個建議是符合歷史實際和代表人民意志的，決定加以採納。

中央人民政府委員會茲宣告：自一九五〇年起，即以每年的十月一日，即中華人民共和國宣告成立的偉大日子，爲中華人民共和國的國慶日。

382　中央人民政府委员会第四次会议通过的《关于中华人民共和国国庆日的决议》。

中国大陆的统一

383

384

385

383　中华人民共和国成立后，人民解放军继续追歼国民党残敌。第三野战军在华东地区奋力作战。图为陈毅在向部队战士作报告。

384　1949年10月17日，厦门解放。至此，除金门、马祖等岛屿外，福建全省宣告解放。图为人民解放军将标志着胜利的红旗插上厦门岛。

385　1950年5月19日，人民解放军解放舟山群岛。至此，除大陈岛等岛屿外，浙江全省解放。图为舟山军民举行庆祝解放大会。

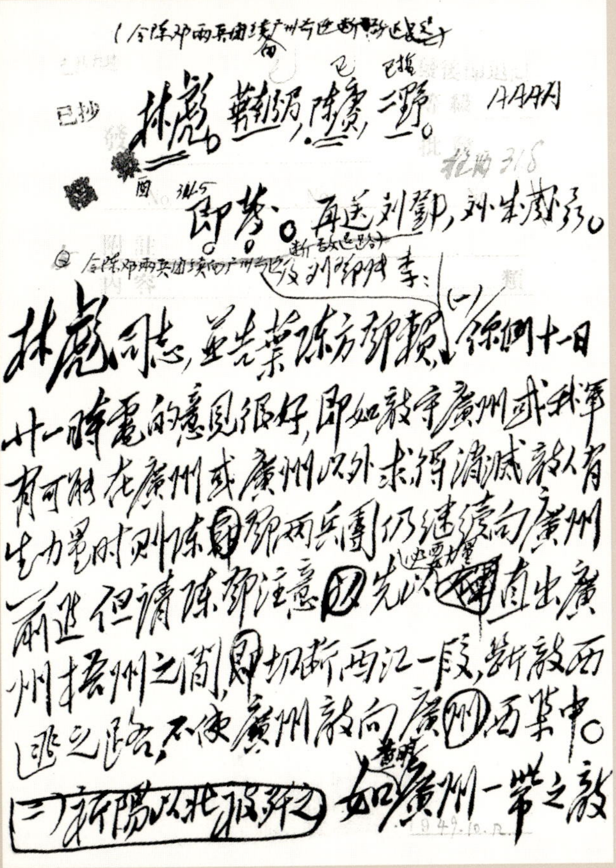

（令陈邓两兵团切断广州敌西逃之路）

林彪、叶剑英、陈赓、二野。

即发。再送刘邓，刘宋彭张。

林彪同志，并告叶陈方邓赖：（一）你们十一日廿一时电的意见很好，即如敌守广州或我军有可能在广州或广州以外求得消灭敌人有生力量时，则陈邓两兵团仍继续向广州前进，但请陈邓注意以一部先以[illegible]直出广州梧州之间，切断西江一段，断敌西逃之路，不使广州敌向广西集中。如广州一带之敌

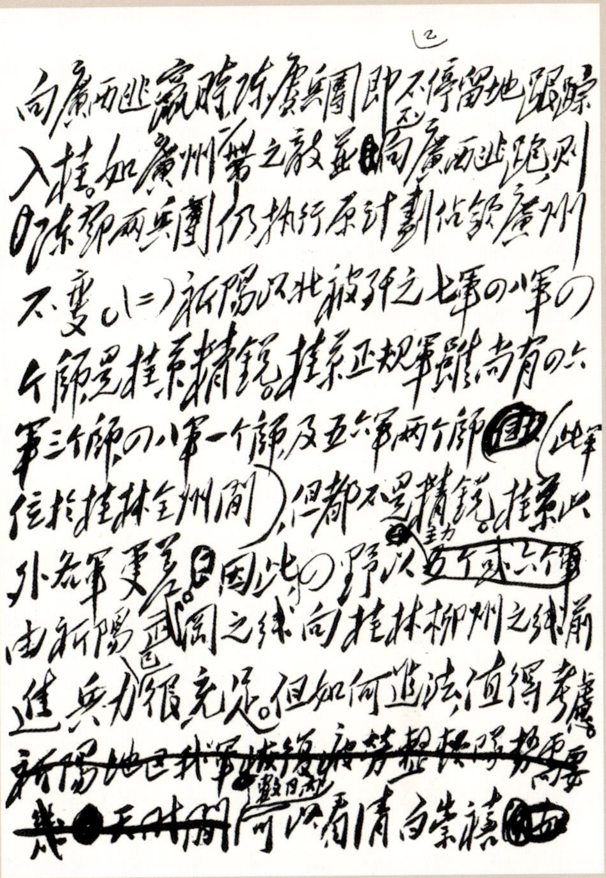

向广西逃窜时，陈赓兵团即不停留地跟踪入桂；如广州一带之敌并不向广西逃跑，则陈邓两兵团仍执行原计划占领广州不变。（二）祁阳以北被歼之七军及八军的四个师是桂系精锐，桂系正规军虽尚有七军第三个师、四八军一个师及五六军两个师（此三军位于桂林全州间），但都不是精锐，桂系以外各军更差。因此，你们以主力出祁阳武冈之线向桂林柳州之线前进，兵力很充足。但如何进法值得考虑，[illegible]可以看清白崇禧

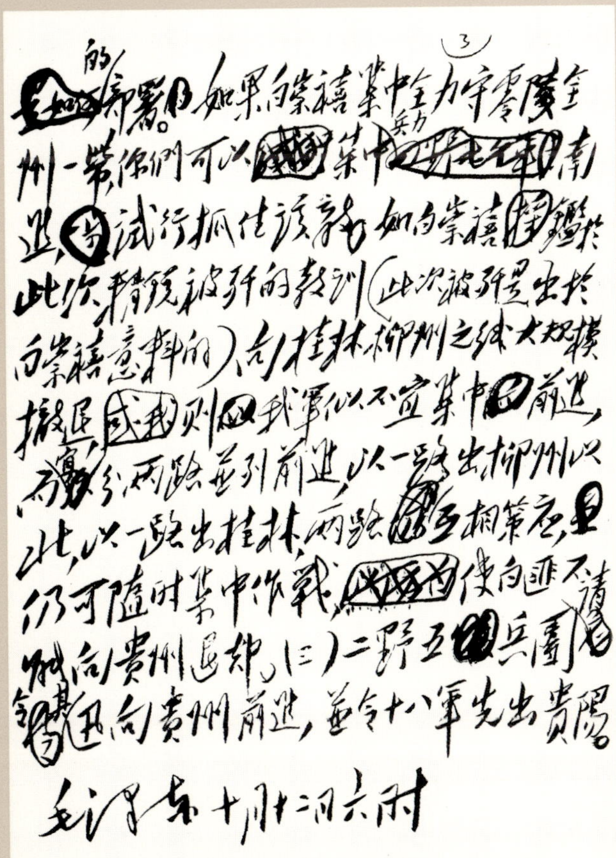

的部署。如果白崇禧集中全力守桂林全州一带，你们可以集中兵力南进，试行抓住该敌。如白崇禧鉴于此次精锐被歼的教训（此次被歼是出于白崇禧意料的），向桂林柳州之线大规模撤退，则我军似不宜集中一路前进，而宜分两路并列前进，以一路出柳州以北，以一路出桂林，两路相隔不远，仍可随时集中作战，使白匪不能逃往贵州边境。（三）二野五兵团[illegible]向贵州前进，并令十八军先出贵阳。

毛泽东 十月十二日六时

386

386　1949 年 9 月至 10 月间，第四野战军在中南地区发起湘粤战役。图为 1949 年 10 月 12 日毛泽东起草的电稿。电稿中命令人民解放军切断广州敌人西逃之路，相机占领广州。

387

387　1949年10月14日，广州解放。图为叶剑英（左三）、邓华（左二）等在广州入城式检阅台上。

388　受阅部队通过检阅台前。

388

389

390

389　1949 年 11 月上旬，人民解放军发起广西战役。11 月 22 日，广西省会桂林解放。图为人民解放军抵达桂林市郊。

390　1949 年 12 月上旬，人民解放军歼灭国民党白崇禧部队主力后，于 12 月 11 日占领镇南关（今友谊关），广西全境宣告解放。图为人民解放军指战员在镇南关上。

391

392

391　1950年3月上旬，人民解放军发起海南岛登陆战役，在琼崖纵队的有力配合下，5月1日解放全岛。至此，中南地区全部解放。图为人民解放军万船齐发，强渡琼州海峡。

392　人民解放军登陆部队和琼崖纵队会师在五指山上。

393　第一野战军驰骋于西北地区。在人民解放军迅速进军和中国共产党政策的感召下，1949 年 9 月 25 日和 26 日，国民党新疆警备司令陶峙岳、省政府主席包尔汉宣布起义，新疆和平解放。之后，人民解放军分路向新疆进军，在新疆民族军的配合下，分别抵达新疆腹地。图为进军新疆部队徒步行进在戈壁滩上。

393

394

394　新疆喀什各族人民欢庆解放。

395

395 1949年10月20日，人民解放军进驻迪化（今乌鲁木齐）。至此，西北全境解放。图为彭德怀（前排左二）、王震（二排左三）在迪化人民举行的欢迎会上。

396

396 1949年11月初，人民解放军第二野战军和第一、四野战军各一部发起西南战役。图为刘伯承（右二）、邓小平（右四）、贺龙（右一）等在研究作战计划。

397

397 刘伯承（左八）、林彪（左九）等在研究进军西南问题。

398

398 左起：贺龙、周士第、王维舟在研究作战方案。

399　人民解放军某部涉过沅水向贵州前进。

400　1949 年 11 月 15 日，贵州省会贵阳解放。图为人民解放军进入贵阳市区。

399

400

401

402

401　1949 年 11 月 21 日，人民解放军占领黔北重镇遵义，拦腰切断了国民党军苦心经营的“大西南防线”。图为榴弹炮部队通过遵义市区。

402　人民解放军在黔江以东地区，突破国民党军“川鄂湘边防线”，乘胜追击敌人。1949 年 11 月 30 日，蒋介石匆忙逃离重庆，当天重庆解放。图为人民解放军进入重庆时，人民群众夹道欢迎。

403 1949年12月9日，国民党云南省政府主席卢汉，国民党西康省政府主席刘文辉，西南长官公署副长官邓锡侯、潘文华等联名通电起义。云南、西康和平解放。图为刘文辉（前排右一）、邓锡侯（前排右二）在重庆各界欢迎会上。

403

404

405

404 1949年12月19日，人民解放军在四川峨眉县金口河俘虏国民党川湘鄂“绥靖”公署主任宋希濂（左二）。

405 人民解放军抢占四川乐山、邛崃、大邑等地，完全截断了国民党军向西南逃跑的道路。图为攻占邛崃县的人民解放军战士。

406

406 1949年12月下旬，人民解放军对所围之国民党军胡宗南部发起总攻，12月27日，四川省成都解放。至此，川、贵、云、康四省解放，粉碎了国民党割据西南的企图。图为人民解放军在成都举行入城式。

407

407 1950年2月1日，人民解放军在四川雅安举行入城式。

408

408　1950年2月20日，人民解放军进驻昆明。

409

409　陈赓（右三）在昆明入城式上向欢迎群众敬礼。

410

411

410　1950年3月，人民解放军开始向西藏进军，10月6日至24日进行了昌都战役，攻占昌都，打开了进军西藏的大门，为和平解放西藏奠定了基础。图为迂回昌都南路的人民解放军行进在海拔五千米的怒山山脉雪岭上。

411　在中共中央关于和平解放西藏政策的感召下，经中央人民政府的敦促，1951年4月，西藏地方政府派出以阿沛·阿旺晋美（前左一）为首的代表团，前来北京谈判西藏解放问题。图为代表团途经重庆时，受到邓小平（前右一）等西南军政领导及群众的热烈欢迎。

412

412　1951 年 4 月，西藏地方政府代表团和班禅额尔德尼一行抵达北京。图为周恩来（左一）、朱德（左二）、李济深（左四）等陪同班禅额尔德尼·确吉坚赞（左三）步出北京车站月台。

413

414

413　中央人民政府全权代表和西藏地方政府全权代表经过协商谈判，于 1951 年 5 月 23 日在北京签订了《关于和平解放西藏办法的协议》。图为西藏地方政府全权代表在协议上签字。前排左五为西藏地方政府代表团首席代表阿沛·阿旺晋美。

414　中央人民政府全权代表在《关于和平解放西藏办法的协议》上签字。前排左四为中央人民政府代表团首席代表李维汉。

415

415　中央人民政府和西藏地方政府《关于和平解放西藏办法的协议》汉、藏文本。

416－417　中央人民政府代表团首席代表李维汉、全权代表张经武等签订《关于和平解放西藏办法的协议》时使用的文具和印章。

416

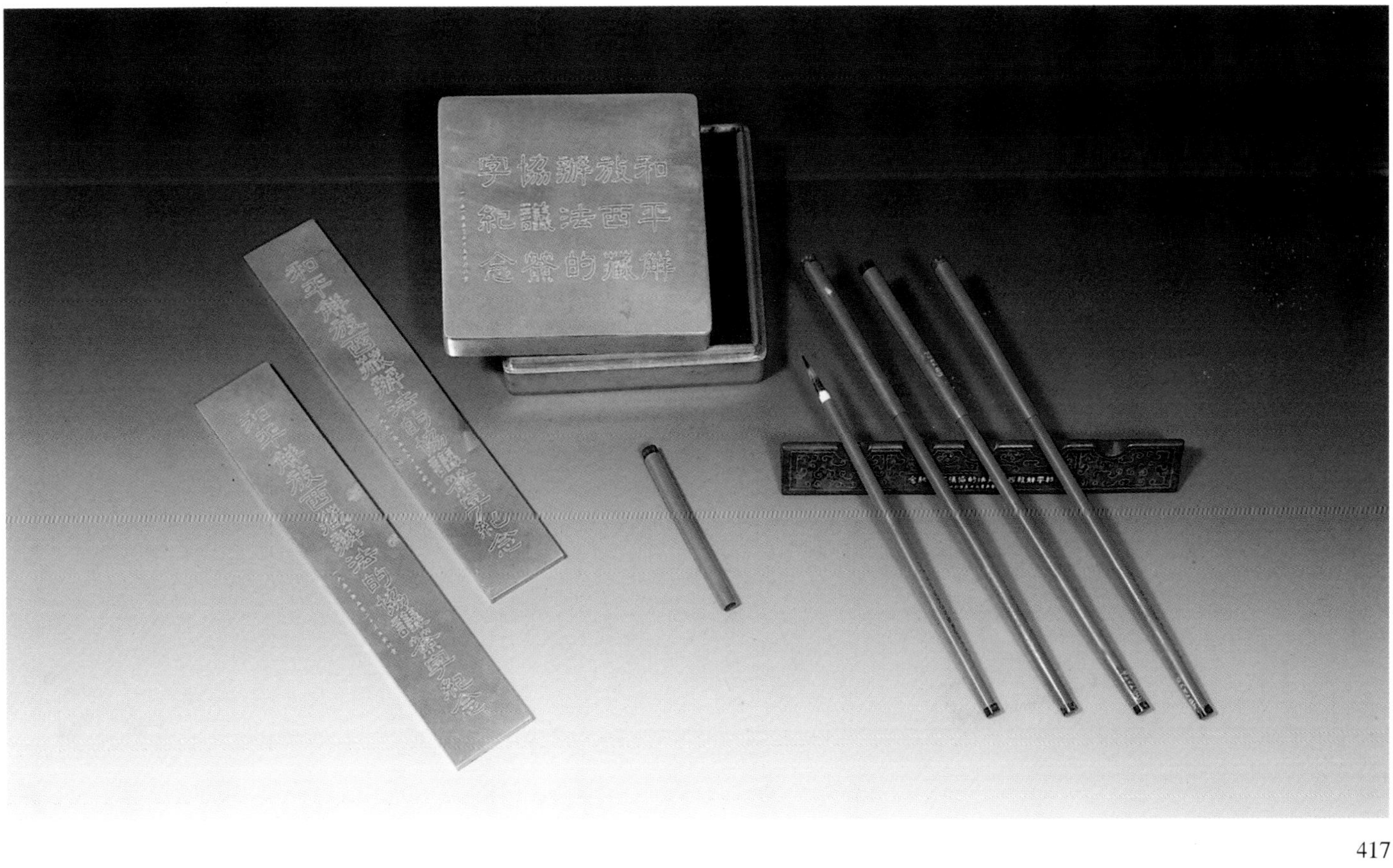

417

418

418　1951 年 5 月 24 日，中央人民政府主席毛泽东设宴庆祝《关于和平解放西藏办法的协议》签订。图为毛泽东在宴会上致词。左一为阿沛·阿旺晋美，左三为班禅额尔德尼·确吉坚赞。

419　1951 年 10 月 26 日，人民解放军根据《关于和平解放西藏办法的协议》的规定，进驻拉萨。至此，除台湾、香港、澳门以及一些沿海岛屿外，实现了中国大陆的统一和国内各民族的大团结。

420　西藏人民和入藏部队在拉萨布达拉宫前举行大会，庆祝西藏和平解放，中华人民共和国国旗在广场上空迎风飘扬。

419

420

图书在版编目(CIP)数据

中华人民共和国开国大典/中国革命博物馆编．-北京:文物出版社,1999
SIBN 7-5010-1158-3

Ⅰ.中…　Ⅱ.中…　Ⅲ.中国-现代史-历史事件-图集　Ⅳ.K27-64

中国版本图书馆CIP数据核字(1999)第13488号

中华人民共和国开国大典

中国革命博物馆　编

*

文物出版社出版发行
北京五四大街29号
http://www.wenwu.com
E-mail:web@wenwu.com
文物印刷厂制版印刷
新 华 书 店 经 销
850×1168　大16开　13.75印张
1999年7月第一版　　1999年7月第一次印刷
ISBN 7-5010-1158-3/K·470　定价: 228元

66